【南通盐业史话（上）】
CONG ZHU HAI ZOU LAI

从煮海走来

张荣生 著

苏州大学出版社
Soochow University Press

图书在版编目（CIP）数据

从煮海走来/张荣生著.—苏州：苏州大学出版社，2015.5
（江海文化丛书/姜光斗主编）
ISBN 978-7-5672-1326-5

Ⅰ.①从… Ⅱ.①张… Ⅲ.①盐业史-南通市 Ⅳ.①F426.82

中国版本图书馆CIP数据核字（2015）第100598号

书　　名	从煮海走来
著　　者	张荣生
责任编辑	薛华强
出版发行	苏州大学出版社
	（苏州市十梓街1号　215006）
印　　刷	南通市崇川广源彩印厂
开　　本	890×1240　1/32
印　　张	6.875
字　　数	175千
版　　次	2015年6月第1版
	2015年6月第1次印刷
书　　号	ISBN 978-7-5672-1326-5
定　　价	20.00元

苏州大学版图书若有印装错误，本社负责调换
苏州大学出版社营销部　电话：0512-65225020
苏州大学出版社网址　http://www.sudapress.com

"江海文化丛书"编辑委员会

主 任：李 炎
委 员：李明勋　姜光斗　施景铃　沈启鹏
　　　　周建忠　徐仁祥　黄振平　顾 华
　　　　陈 亮　吴声和　陈冬梅　黄鹤群
　　　　尤世玮　王建明　陈鸿庆　沈玉成

主　　　编：姜光斗
执行副主编：尤世玮　沈玉成

"江海文化丛书"总序

李 炎

由南通市江海文化研究会编纂的"江海文化丛书"(以下简称"丛书"),从2007年启动,2010年开始分批出版,兀兀穷年,终有所获。思前想后,感慨良多。

我想,作为公开出版物,这套"丛书"面向的不仅是南通的读者,必然还会有国内其他地区甚至国外的读者。因此,简要地介绍南通市及江海文化的情况,显得十分必要,这样便于了解南通的市情及其江海文化形成的自然环境、社会条件和历史过程;同时,出版这套"丛书"的指导思想、选题原则和编写体例,一定也是广大读者所关心的,因此,介绍有关背景情况,将有助于阅读和使用这套"丛书"。

南通市位于江苏省中东部,濒江(长江)临海(黄海),三面环水,形同半岛;背靠苏北腹地,隔江与上海、苏州相望。南通以其独特的区位优势及人文特点,被列为我国最早对外开放的14个沿海港口城市之一。

南通市所处的这块冲积平原,是由于泥沙的沉积和潮汐的推动而由西北向东南逐步形成的,俗称江海平原,是一片古老而又年轻的土地。境内的海安县沙岗乡青墩新石器文化遗址告诉我们,距今5600年左右,就有先民在此生息繁衍；而境内启东市的成陆历史仅300多年，设县治不过80余年。在漫长的历史过程中，这里有沧海桑田的变化，有八方移民的杂处；有四季分明、雨水充沛的"天时"，有产盐、植棉的"地利"，更有一代代先民和谐共存、自强不息的"人和"。19世纪末20世纪初，这里成为我国实现早期现代化的重要城市。晚清状元张謇办实业、办教育、办慈善，以先进的理念规划、建设、经营城市，南通走出了一条与我国近代商埠城市和曾被列强所占据的城市迥然不同的发展道路，被誉为"中国近代第一城"。

南通于五代后周显德五年（958）筑城设州治，名通州。北宋时一度（1023—1033）改称崇州，又称崇川。辛亥革命后废州立县，称南通县。1949年2月，改县为市，市、县分治。1983年，南通地区与南通市合并，实行市管县新体制至今。目前，南通市下辖海安、如东二县，如皋、海门、启东三市，崇川、港闸、通州三区和国家级经济技术开发区；占地8 001平方公里，常住人口约770万，流动人口约100万。据国家权威部门统计，南通目前的总体实力在全国大中城市（不含台、港、澳地区）中排第26位，在全国地级市中排第8位。多年来，由于各级党委、政府的领导及全市人民的努力，南通获得了"全国文明城市"、"国家历史文化名城"、"全国综合治理先进城市"、"国家卫生城市"、"国家环保模范城市"、"国家园林城市"等称号，并有"纺织之乡"、"建筑之乡"、"教育之乡"、"体育之乡"、"长寿之乡"、"文博之乡"等美誉。

江海文化是南通市独具特色的地域文化，上下五千年，南北交融，东西结合，具有丰富的历史内涵和深邃的人文精神。同其他地域文化一样，江海文化的形成，不外乎两种主要因素，一是自然环境，二是社会结构。但她与其他地域文化不尽相同之处是：由于南通地区的成陆经过漫长的岁月和不同阶段，因此移民的构成呈现多元性和长期性；客观上又反映了文化来源的多样性以及相互交融的复杂性,因而使得江海文化成为一种动态的存在,是"变"与"不变"的复合体。"变"的表征是时间的流逝,"不变"的表征是空间的凝固;"变"是组成江海文化的各种文化"基因"融合后的发展,"不变"是原有文化"基因"的长期共存和特立独行。对这些特征,这些传统,需要全面认识,因势利导,也需要充分研究和择优继承,从而系统科学地架构起这一地域文化的体系。

正因为江海文化依存于独特的地理、自然环境,蕴含着自身的历史人文内涵,因而她总会通过一定的"载体"体现出来。按照联合国教科文组织的分类,"文化遗产"可分为四类:即自然遗产、文化遗产、自然与文化遗产、非物质文化遗产。而历史文化人物、历史文化事件、历史文化遗址、历史文化艺术等,又是这四类中常见的例证。譬如,我们说南通历代人文荟萃、名贤辈出,可以随口道出骆宾王、范仲淹、王安石、文天祥、郑板桥等历代名人在南通留下的不朽篇章和轶闻逸事;可以随即数出三国名臣吕岱,宋代大儒胡瑗,明代名医陈实功、文学大家冒襄、戏剧泰斗李渔、曲艺祖师柳敬亭,清代扬州八怪之一的李方膺等南通先贤的生平业绩;进入近代,大家对张謇、范伯子、白雅雨、韩紫石等一大批南通优秀儿女更是耳熟能详;至于说现当代的南通籍革命家、科学家、文学家、艺术家以及各行各业的优秀人才,也是不胜枚举。在他们身上,都承载着江海文化的优秀传统和人文精神。同样,对历史文化的其他类型也都是认识南通和江海文化的亮点与切入口。

本着"文化为现实服务,而我们的现实是一个长久的现实,因此不能急功近利"的原则,南通市江海文化研究会在成立之初,就将"丛书"的编纂作为自身的一项重要任务。

我们试图通过对江海文化的深入研究,将其中一部分能反映江海文化特征，反映其优秀传统及人文精神的内容和成果，系统整理、编纂出版"江海文化丛书"。这套"丛书"将为南通市政治、经济、社会全面和谐发展提供有力的文化支撑，为将南通建成文化大市和强市夯实基础，同时也为"让南通走向世界，让世界了解南通"做出贡献。

"丛书"的编纂正按照纵向和横向两个方向逐步展开。

纵向——即将不同时代南通江海文化发展史上的重要遗址（迹）、重大事件、重要团体、重要人物、重要成果经过精选，确定选题，每一种写一方面具体内容，编纂成册；

横向——即从江海文化中提取物质文化或非物质文化的精华，如"地理变迁"、"自然风貌"、"特色物产"、"历代移民"、"民俗风情"、"方言俚语"、"文物名胜"、"民居建筑"、"文学艺术"等，分门别类，进行归纳，每一种写一方面的内容，形成系列。

我们力求使这套"丛书"的体例结构基本统一，行文风格大体一致，每册字数基本相当，做到图文并茂，兼有史料性、学术性和可读性。先拿出一个框架设想，通过广泛征求意见，确定选题，再通过自我推荐或选题招标，明确作者和写作要求，不刻意强调总体同时完成，而是成熟一批出版一批，经过若干年努力，基本完成"丛书"的编纂出版计划。有条件时，还可不断补充新的选题。在此基础上，最终完成《南通江海文化通史》《南通江海文化学》等系列著作。

通过编纂"丛书"，我有四点较深的体会：

一是有系统深入的研究基础。我们从这套"丛书"，看到了每一单项内容研究的最新成果，作者都是具有学术素养的资料收集者和研究者；以学术成果支撑"丛书"的编纂，增强了它的科学性和可信度。

二是关键在广大会员的参与。选题的确定，不能光靠研究会领导，发动会员广泛参与、双向互动至关重要。这样不仅能体现选题的多样性，而且由于作者大多出自会员，他们最清楚自己的研究成果及写作能力，充分调动其积极性，可以提高作品的质量及成书的效率。

三是离不开各个方面的支持。这包括出版经费的筹措和出版机构的运作。由于事先我们主动向上级领导汇报，向有关部门宣传，使出版"丛书"的重要性及迫切性得到认可，基本经费得到保证；与此同时，"丛书"的出版得到苏州大学出版社的支持，出版社从领导到编辑，高度重视和大力配合；印刷单位全力以赴，不厌其烦。这大大提高了出版的质量，缩短了出版周期。在此，由衷地向他们表示谢意和敬意！

四是有利于提升研究会的水平。正如有的同志所说，编纂出版"丛书"，虽然有难度，很辛苦，但我们这代人不去做，再过10年、20年，就更没有人去做，就更难做了。我们活在世上，总要做些虽然难但应该做的事，总要为后人留下些有益的精神财富。在这种精神的支撑下，我深信研究会定能不辱使命，把"丛书"的编纂以及其他各项工作做得更好。

研究会的同仁嘱我在"丛书"出版之际写几句话。有感而发，写了以上想法，作为序言。

2010年9月

（作者系南通市江海文化研究会会长，"江海文化丛书"编委会主任）

目　录

写在前面……………………………………… 1
江海孕育的土地……………………………… 4
始觉今朝眼界开……………………………… 9
存在了一千年的南通北海…………………… 16
西汉刘濞煮海富国…………………………… 22
海滨盐田南兖州……………………………… 30
沧海桑田胡逗洲……………………………… 38
骆宾王浪迹天涯……………………………… 45
第五琦初兴"吴盐"…………………………… 53
刘晏"神盐"救长安…………………………… 60
海陵监天下翘楚……………………………… 69
日本遣唐使失风长江口……………………… 77
姚氏以盐利接济杨吴南唐…………………… 89
周世宗攻取江北盐场………………………… 96

范仲淹筑堤流芳 …………………………………… 104

王安石视察盐岛 …………………………………… 113

利丰监名扬淮东 …………………………………… 122

陈晔创修《煮海录》 ……………………………… 129

通州以盐闻天下 …………………………………… 136

草灰淋卤产盐佳 …………………………………… 143

铁钱石的来历 ……………………………………… 150

文天祥海角勤王 …………………………………… 158

元代的通州盐业 …………………………………… 173

盐贩吴王张士诚 …………………………………… 179

写在前面

南通的食盐生产绵延了2100余年历史，堪称源远流长。

大凡亲自料理过实际生活的人，有谁会悟不到"食盐"的极端重要呢？

食盐，人们司空见惯，它看起来平凡无奇，实际上真是须臾不可或缺呢！

离了它，血液不能正常循环，饭菜没有可口滋味，妇女不能健康孕育，儿童不能顺利成长，大人没有精神力气。你说这日子还怎么过呢？

人们常说："盐是百味之祖。"虽然学者尚未从古代典籍中找到这句话的具体出处，但亘古及今，人们一直就这么说来着，也这么传来着。元代人武汉臣在他所编的杂剧《玉壶春》里有句台词，说是"早晨起来七件事，柴米油盐酱醋茶"。可知亘古以来，上至王侯，下及百姓，对于食盐作为生活必需品的意义，早已是共晓的常识。

开门七件事里，别的六样都有替代品，唯独食盐，却是自在的、唯一的。

食盐和田赋，是古代国家税收的两大来源。三国时期，有人把它称为"国之大宝"，列为政治家安邦治国、军事家志在必夺的战略物资。有史料表明,远古的人类始祖,为了争夺食盐资源的所有权和利用权,甚至互相之间会进行惨烈的战争,打赢了的人被尊为部落酋长,号令大众。

人们都知晓盐的重要,可是有几个人晓得:盐是怎样由盐民生产出来的?它的工艺技术经历了怎样的时代变迁?又怎样由盐商销售出去?怎样由盐官尽心管理?怎样为国家赚取尽可能多的巨额税收?以及盐的盈利,怎样维持着封建社会庞大的国家机器的运转,支撑其军事政治职能?怎样养活了国家机关的军政官员呢?

新中国成立以来,人们和平劳动,安居乐业。有谁知晓:在长期的封建时代,盐民怎样承受着罪徒一般的非人苦难,并且为了改变自己的命运,进行着怎样可歌可泣的无望抗争呢?

有谁知晓:在抗日战争和解放战争中,南通盐区的共产党人和盐务干部,为了和敌人争夺盐税,付出了怎样的代价?这些珍贵史实,在全国盐区也属凤毛麟角呀!

近年以来,南通地区沿海各县大力建办滨海工业园区,人们见到的都是林立的电杆、富丽的厂房,可谁会想到:仅仅七八十年以前,这里还是盐田棋布、盐廪丛集呢?

更有谁想到:南通所属六县一市,在历史上大约两千年的时间里,曾是全国首屈一指的大盐区——"两淮盐区"的组成部分,并且以盐质优良,抢手难求,而名列淮南煎盐之首呢?

还有谁想到:当今老百姓摆放在灶台上,精细如粉末的"细盐",并非今日才有,两千年以来,南通盐区生产的"煎盐",其形状味道,就可与这现代之盐媲美呢?

近现代以来,南通是远近闻名的文化强市。对南通地方文化的研究,如今已然成为认根南通、挚爱南通的许多文化人的真爱。

说到南通的地方文化,一直以来普遍流行着一种说法,都说盐文化是南通地方文化的根脉和主要基因。确实,盐的生产运销,在两个一千年的长期间里,对南通地区的经济、政治、军事、文化、社会、民俗乃至方言,都产生了巨大而深远的影响。盐文化同参与南通社会生活的其他因素一起,共同孕育了独具特色的南通近现代文明和地方文化。

2012年上半年,162万字的《南通盐业志》由南京凤凰出版社正式出版发行。但是,在"时间就是金钱"的时代,要让广大并非专门研究盐学的读者,去通读这样一部巨著,是不现实的。于是,作为《南通盐业志》编者的我又开始动笔,就有了这部用通俗生动的语言,讲说那遥远、多彩而又有些神秘的南通盐业历史的书。

南通市图书馆藏《光绪两淮盐法志》

江海孕育的土地

关于南通这块土地的来历,在历史地理学界,长期以来是一个悬而未解的谜。

近人蔡观明、管劲臣等曾进行了深入的探索。探索的出发点,就是历史上著名的范公堤堤线的走向。蔡在追溯栟茶(清末以前属东台县,后属如东县)的历史时写道:"捍海堰筑于唐大历中,而稽姜堰、丁堰、海安等地之名义,则今日自南通至海安至姜堰一带,沿运河之东北岸,必为旧日之海堤。而栟茶在大历以前必为海滩;再前此若干年,犹在海波之下也。"此虽言栟茶,南通地方其他乡镇的来历实亦大同小异。

直到20世纪80年代,经由今人陈金渊先生多年孜孜不倦地潜心探索,写出了《南通地区成陆过程的初探》的小册子,并且发表在权威的上海复旦大学的学报上,这才揭开了南通地区成陆过程鲜为人知的历史面纱。

原来,这是一块经由长江与黄海漫长孕育而生成的既古老、又年轻的土地。

亿万年以前,地球还在少年时代,那时南通地区所在的版图,属于江南古陆的组成部分。由于地壳内部的应力作用,导致在新生代发生了喜马拉雅造山运动。中国的版图就此形成了西高东低的地貌总特征。在造山运动中，南通地区所属的江南古陆下沉，原为江南古陆的地方都成了一片汪洋，只剩下狼山矮丘群五座小山头残留在茫茫波涛之上。

长江是中华民族的母亲河。它每年向大海输送数以亿万吨计的泥沙。古代长江口一带，自今镇江、扬州以下，江面骤然开放，江水流速降低，便于泥沙沉积。年复一年，浅海海底逐渐淤高，形成水下三角洲。最初，波浪作用促使部分泥沙向江口两侧洄旋堆积，形成砂砠；在江口，流速慢，海潮托，形成沙洲。以后继续淤积，距今五六千年以前，首先形成从今扬州（秦汉称广陵）经泰州（秦汉称海陵）到海安李堡的扬泰古沙嘴，一称扬泰冈地。

秦代，今南通地区南部皆为水域。传说，秦始皇巡视江南，其船队经此水域，曾在军山上驻扎过军伍，并且在剑山的岩石上磨砺过他的宝剑，石上残留痕迹，二山由此得名。

汉代，江岸线在今如皋到李堡一带。有人考证，西汉初年著名辞赋家枚乘是淮阴人，他在做吴王刘濞（国都在广陵）的郎中时，所写的大赋《七发》中，假设"楚太子"病重，有"吴客"前来探视，先后以桐琴悲曲、酒肉珍味、良马宝车、山水游乐、狩猎高会、广陵观潮、要言妙道七事，启发意志，激励精神，使楚太子不药而愈。其中"广陵观潮"一节，是全篇文字的重中之重。作者浓墨重彩，极尽铺叙渲染、形容描摹之能事，使长江涌潮的壮观声势，媲美于甚至有过于今日杭州湾的钱塘江潮。因文中写有"凌赤岸，篲扶桑，横奔似雷行"之语，有人考证，汉时广陵潮的所在，就在今日南通版图的地域，因为"赤岸"正是扬泰冈地东端的别称。

由于地球自转与东北合成风的交互作用，迫使长江主泓偏向西南。接近北岸的江流流速较缓，有利于泥沙沉积，汉代已产生如东古沙洲群。这些古沙洲群逐渐合并扩大，约在公元5世纪以后，形成古代史籍上所称的"扶海洲"。扶海洲继续扩大,并与东伸扩展中的扬泰冈地不断靠拢。约至南北朝时期(6世纪),扬泰冈地与扶海洲之间只留下一条北东向的夹江。后逐渐淤积缩狭为小芹河,其位置大致在今海安县沿口至如皋市东陈沿线一带。这是北岸扬泰古沙嘴向东向南的第一次延伸。扶海洲与扬泰冈地连接为北岸古沙嘴,使北岸古沙嘴的东部尖端延伸到今天的如东县长沙以东。北岸古沙嘴与南边江中的"胡逗洲"沙群之间,隔长江北泓(史籍称古横江)而相望。唐代(7—9世纪),江岸线在今如皋市的白蒲至如东县的掘港一线。

与如东古沙洲群形成的原因大略相同,在南北朝的梁朝时期(6世纪),在北岸古沙嘴以南的长江中,已经生成了胡逗洲沙群。到唐代,发展成为东西长40公里、南北宽17.5公里的江中岛屿,约当今南通市的城区、平潮镇、刘桥镇至通州区的西亭镇范围内。在胡逗洲以东,还有一个生成于南北朝后期、名叫"南布洲"的沙洲(通州区的金沙镇在其范围内)。约至唐末天祐年间(10世纪初),南布洲并入胡逗洲,又一同与北岸古沙嘴并接。这是北岸古沙嘴向南向东的第二次延伸。原来在胡逗洲与北岸古沙嘴之间的古横江,因沙涨而缩狭为小江。江岸线南移到现在的南通市天生港、南通城向东到通州区的余西镇一线。

约在胡逗洲形成的同时或稍晚,在胡逗洲以东偏南的长江入海口一带,除了南布洲以外,还有"东洲"、"布洲"、"顾俊沙"等沙洲。顾俊沙就是后来的崇明岛。东洲与布洲在唐朝初年涨并为"东布洲"。五代至宋初习称"海门岛"。北宋庆历年间(11世纪中叶),海门岛(10世纪中叶建为海门县)与向东扩展的胡逗洲(10世纪中叶置为通州及静海县)并接,形成通吕水脊,出现北岸沙嘴向东的第三次延伸。当时的海门岛相当于今天启东市北部的吕四镇迤南一带。江岸线向东延伸到今启东市境内。至此,今天南通地区的陆地版图基本形成，其面积，尤其是启东市的吕四东南一带，较之现今还要略为大一些。

海门岛与通州并接后，从元朝末年（14世纪）开始，全球气候转暖，冰川融化，海平面上升，长江主泓北移，引起北岸土地大规模坍削。当时海门县境内的沿江地带一坍再坍，直到清朝康熙五十年（1711年）左右，陆地的坍削达到了最严重的程度，也是最后的极限。这时的海门，已经由宋代地理民政上的一个"壮县"，减缩成只剩下吕四盐场一角之地，只好废县为乡，并入通州。一直到清朝的康熙、雍正之际（1720年前后），通州沿江一带才开始新一轮涨积。先出现一些沙洲，而后逐渐并连，形成现在长江新三角洲平原的启海陆地。在这块大海归还给南通人民的新陆地上，先是在清朝乾隆年间成立了"海门厅"，民国前期又在海门厅的东侧建立了启东县。从坍削转为涨积时起，至今200余年间，江海岸线向东南推进了45公里以上。

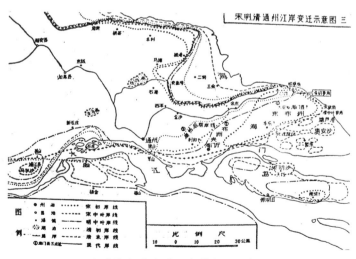

宋明清南通地区江海岸变迁示意图

至此,形成今南通地区除新中国成立后新围垦部分外的全部陆地版图。历史上的长江北岸古沙嘴大致相当于今海安县、如皋市,扶海洲大致相当于今如东县,胡逗洲大致相当于今南通市城区和通州区,海门岛(坍而复涨后为启海平原)大致相当于今海门市和启东市。由于经历了坍而复涨的沧桑变故,今天的海门市系由清代的海门厅演变而来,与由宋到明的海门县之间并没有直接的承续关系。直到现今,南通地区仍是中国少数几个不断向大海争得沃土的城市之一。

　　南通地区各县(市)从"沧海"逐渐演变为"桑田"的历史过程,为古代南通的制盐业——草煎盐业的产生、发展和兴盛,提供了得天独厚的优越条件,这就是广阔的滨海滩涂和丰富的草荡资源。

始觉今朝眼界开

南通地处长江与黄海交汇之地，是江防与海防要塞，形势险要。如以镇江江岸的金山与长江中流的焦山为金陵门户，而江面缩狭的江阴为下江要塞，则南通的狼山与隔江相望的常熟虞山、福山为长江第一门户。明代中后叶的倭寇，就屡次欲由此从水路进犯扬州。

古人描写南通地区江海交汇地理特点的壮美篇章有很多。最著名的当数西汉初年辞赋大家枚乘写的大赋《七发》，还有就是北宋当过宰相的大诗人王安石在这里留下的七律诗《白狼观海》。

在《七发》里，枚乘具体描绘了南通地区所处的长江入海口海湾涌潮的始生、渐盛和高潮阶段的景象。

先说江涛海潮欲起未起的情形。这是涌潮的前奏或序曲。观涛的日期，是在月圆之日的农历八月十五。一年之中，要数这一天月亮最大、最圆，对海水的引力最强。观涛的地点在广陵的曲江。"曲江"，顾名思义，这是长江岸线由直变曲，江流由窄变宽，江口由束狭渐开放的地方，也就是那个时代长江入海喇叭口的起始处。具体方位，辞书语焉不详，只约略地说是在扬州以南，并未言明确凿的具体地点。笔者悬揣，或许就在江阴附近，因为这一带江面最为束狭，符合涌潮产生的自然规律，而在地理领属上，都属于扬州广陵的地盘。

游客观涛，一般很早就到达了观涛地点，以便占领最佳位置。站定后，涛尚未起，但可以看到江水的势力在逐渐增强，足令有些内地人感到恐怖。人们可以看到江浪的各种形状态势：有互相凌驾超越的，有由低处向高处隆起的，有从高端向空中飞扬喷洒的，有回旋成旋涡状的，还有反复冲刷江岸的。就连胸有翰墨、平常能够用语辞把心灵所感表达出来的人，这时也做不到细致入微、惟妙惟肖地把所见所感江水的动态都描摹刻画出来。人们向南望见南岸的山，向东一直望到东海，仰可见江面上方广阔的天空，远可任意畅想到达天涯海角。这时的江水，有的从潮尖跌入波谷，有的纷乱交错，有的远去不返，弄不清楚它们到底流向何方。可供游客浏览的景象实在太多了，但归结起来，顺着江流，便可想到太阳升起的地方。所以许许多多观涛的人，虽然站立很久但也不愿离去，都希望能待到天明，以便观赏大海日出。

具体描摹长江涌潮的文字，在枚乘之前略无记存。他只是从老师那里，听说过三句传闻：一句说涌潮巨响如雷，在百里开外都能听到；一句说涌潮来临时海水大涨，江水向上游逆向回流；一句说涌潮到来时江水衍溢漂疾，波涌而涛起。这些历代相传的耳闻，透露了长江涌潮神奇"气势"的一般特征。

且看枚乘按照时间顺序，首次、也是唯一的一次，对长江涌潮进行的声形并茂，全面、完整、具体、翔实的描摹与写真。

涌潮初起的时候，海面逐渐增水，雪浪花逐渐增多，看上去，很像是千千万万只白鹭，在蓝天之下、海面之上一起飞翔。涌潮渐盛，由大海向长江渐次推进，水势广阔，浪花洁白，有点像众多的白马，拉着一排排张设了用素丝做成的白色顶盖和帷帐的车队。波涛奔涌时,激起的水汽如同翻滚的白云,那纷扰的样子,好像是三军将士在整理着装,准备出发。

涌潮大作时,潮头由中央向两旁扩展,略呈弓背向后的弯曲的弧线,向着长江上游猛烈地腾起飞奔。那种飘然飞越的样子,很像是军队的统帅站在轻快迅疾的战车里,部署和统领他的千军万马,奔向战场去对敌作战。涌潮的统帅是东海龙王,也就是海神。他驾驭着由6条蛟龙牵拉的帅车,裹挟了江神与河神,后面跟着他的龙子龙孙,队伍连绵络绎而进。洪涛那个高啊,那个多啊,前后左右相挨的那个紧密啊,既好像是构筑坚固的军营壁垒,又好像是络绎杂沓的士兵行伍。那种波涛间互相撞击引起的闷雷般巨响,那种在广阔无际空间里泛涌奔进的磅礴气势,真的令人骇然!

枚乘突出描写了长江涌潮在江槽两岸飞奔超越的壮观景象。你看:沿江两岸,怒涛磅礴,汹涌澎湃,横冲直撞,以排山倒海之势,雷霆万钧之力,向着江堤发起从堤身到岸顶的猛烈冲击,巨大的浪花甚至越过了岸堤,打进了江岸以内!那架势,看上去有些像健壮勇武的士卒,突然震怒而无所畏惧,登壁垒、冲要塞,奋勇争先,穷追顽敌,追兵遍及江岸每一个港湾和角落,甚而超越岸堤,穷追不舍。那种一往无前、压倒一切的威势,会叫所遇者死,所挡者亡!

枚乘介绍了长江涌潮经过的地理路线。涌潮最早的发端,是在"或围"的渡口边上,地当天上星宿"轸谷"的界位。在"青篾"那个地方盘旋以后,来到"檀桓"就加速前进了,如同衔枚急进的军队,但喧嚣的声音尚未起势。等它流到春秋时吴国的伍子山一带,进行了调整和蓄势,紧接着从胥母山附近开始,长江涌潮就以铺天盖地的凌厉气势,全面展示它的无比威力了!涌潮从海上的"扶桑"国出发,卷席而来,高大的潮位借助风力水势,向着"赤岸"一带水边高地猛力冲击。潮水翻越而过，拔木淹禾，漂庐溺人，势不可挡！涌潮恣意横行奔腾的架势，就像夏天暴风雨中迅速划过天空的轰雷疾电。枚乘列举的这些地名，今人已经不易考实了。唯有"赤岸"一地，经专家考证，指的就是从海安的李堡向西通向扬州的扬泰冈地。

为了更详尽地叙写长江涌潮高潮阶段的盛况，枚乘又进行了一番具体的描摹。他说高潮阶段的涌潮，如同帝王震怒，奋武扬威；一排又一排的涌浪，相随相接，形状像争先奔腾的千军万马，声音如震天撼地的紧锣密鼓；当波浪遇到堤岸阻碍的时候，会勃然大怒，如同鼎沸的热水，向上猛烈翻腾，然后一个接一个地递相超越，乃至越过了堤坝江岸。到处是波浪之神阳侯掀起的惊涛骇浪，一同汇合搏击于"藉藉"这地方的束狭江口。山峰一样的大波浪冲击而来的时候，鸟来不及飞走，鱼来不及回避，兽来不及逃走，统统被涌潮所吞没。江面上高大的水山接连不断，天空里云团纷乱，呼应着下面的波浪。城墙水壁一样的排浪，用正面荡涤冲击江南岸边的山脚，使丘陵亏蚀倾覆；一会儿又退回来，用背面撞击北岸的堤防，将西面的田亩家园夷为平地。那铺天盖地的高浪巨涛，波扬流洒、惊心动魄，破坏力极大，蛮横暴戾到了极点，就连平时惯于在水中自由自在生活的水族，如鱼鳖之类，遇到涌潮，也失去了原先的能量，被冲得七颠八倒，匍匐翻侧，苟延残喘。当涌潮翻越堤岸的时候，它仿佛要与人类比试力量似的，摆出一副决战争雄的架势，直到冲毁田园池塘，大获全胜，这才收兵。

最后，枚乘归纳长江涌潮是"天下怪异诡观"里的罕见奇观，"神物怪疑，不可胜言"，即使像他这样的文章大家，要更加形象、更加逼真地将其再现出来，也不能意想笔到、曲尽文思。对于身临其境的人，大江涌潮的气势会使人震惊；甚至在自然界的伟力面前，还会想到人类力量的渺小，因而黯然神伤！

不知到了哪朝哪代，长江涌潮的壮观景象逐渐消失，直至无声无息，不复再现于文史典籍。取而代之的，是历朝历代有作为的政治家、思想家、文学家追江赶海的诗词歌赋。

距离枚乘写《七发》1000多年后，北宋大改革家、大诗人王安石莅临南通视察，登临狼山观江眺海，写出了气吞山河的《白狼观海》诗：

万里昆仑谁凿破？无边波浪拍天来。晓寒云雾连穷屿，春暖鱼龙化蛰雷。阆苑仙人何处觅？灵槎使者几时回？遨游半是江湖里，始觉今朝眼界开！

在一个春天的早晨，诗人伫立在狼山之巅，向西眺望大江的源头，只见漫无涯际的波浪从天边拍打而来，心想："究竟是谁人，把昆仑山的皑皑雪峰凿碎融化，使它成为万里长江千古流淌的不尽渊源呢？"他又向东望去，只见滔滔江流激起的水汽，在江面上空形成广阔的云雾。他知道：沿着这云雾向大海航行，可以到达崇明诸岛乃至大洋里的仙山琼阁；而在东海龙王管领的海域洋府里，冬天蛰伏的鲸鱼神龙，这时正在酝酿向天下报春的震天炸雷。由实入虚，诗人不禁想道："听说在昆仑之巅的阆苑里，住着许多飘逸的神仙，不知能否寻找到他们的踪迹？又听说大海与天河相通，汉代有海滨人每逢八月乘坐竹筏，往来天上人间，不知道他们啥时候能够返回？"

面对着浩瀚无垠的长江大海，这位一直想要在治国安邦的政治舞台上有所作为的大政治家，触景生情，回想前半生的江湖游历，觉得自己的眼界胸襟比较既往，又有了进一步的拓展、提高和升华。这首诗载于清朝康熙以来的《通州志》，虽不见于作者的文集，却无愧为古往今来吟咏南通风光的第一壮美诗章！

明末清初，岭南大诗人屈大均也曾云游南通，深为江之口、海之门的壮伟景象所震撼，用诗写下了他的独特感受：

狼山秋草满，鱼海暮云黄。日月相吞吐，乾坤自混茫。乘槎无汉使，鞭石有秦皇。万里扶桑客，何时返故乡？

同是站立狼山上，承受着江山易主的伤痛，屈大均与王安石所见虽相似，心境却不同，所想更是迥异其趣了。秋日狼山，瞻目所及，只见漫山遍野都是枯木黄草，而作为盐仓鱼渊的大海，其上只看到灰黄色的暮云。"日月之行，若出其中；星汉灿烂，若出其里。"这些在曹操《观沧海》诗里描写的景象依旧存在，但江山乾坤却已然是今非昔比。抚今追昔，使诗人倍觉困惑和迷茫。面对汪洋大海的神话，耳闻秦始皇与军山、剑山的传说，诗人不禁想到："可惜，为人民带来福音的天使不见了，而对人民实施暴政的异族统治者正在横行无阻！"事已至此，他并没有丧失光复大明江山的信心："不是还有郑成功在么？虽然他去了万里之外的台湾，可说不定他啥时候就能带领明朝大军，重新打回来呢！"

清代三百年，游历南通地区、描绘江海交汇景象的诗歌就更多了。

直到新中国成立之后的20世纪90年代，那时沪通之间无桥有船，大凡乘船渡江的人，在吴淞口外的江面上，仍能从船上遥见江海交汇处的奇伟痕迹：江黄海蓝，江浑海清，江水高于海水尺余。使人不由得想起南宋文天祥《过扬子江心》绝句里的描写："渺渺乘风出海门，一行淡水带潮浑。长江尽处还如此，何日岷山看发源？"

千里不同风，百里不同俗。一方水土养一方人。《淮南子》里写道："坚土人刚，沙土人细，息土人美，耗土人丑。"滨江临海的地理特点，成为南通地区人杰地灵并生成独特文明的肥壤沃土。

人是要有一点精神的。尤其是想要成就一番事业的人，更需要坚强精神意志的支撑。而高山大河的雄壮气势，有助于激发人的意志和潜能。南通江海交汇的壮阔景象，熏染了一代又一代通籍人士，或路过南通的非通籍志士仁人，开阔了他们的心胸，鼓舞了他们的意气，促进了他们的事业，扮靓了他们的人生。

笔者不揣愚陋，也曾尝试以诗歌反映21世纪南通的江海盛况。其句云："长淮南去五山巍，舟子浮江远望归。万里波涛排岳过，千年陵谷绕香飞。善男信女祈安愿，才子佳人遗恨堆。长啸一声天地应，举头四顾海风吹。"

江中远望狼五山

存在了一千年的南通北海

今天居住在长江三角洲的居民,说到海,都晓得江苏东面的叫黄海,上海东面的叫东海;说到海湾,都知道上海南面有杭州湾,山东北面有渤海湾,辽宁南面有辽东湾,广东南面有广州湾,等等。却没人知晓:在今南通市东北部的一大块区域内,历史上曾经存在过一个风光美丽的海湾,它的名字叫"北海"。

翻开2009年新版《辞海》,上面有"北海"词条,却无片言只语谈到南通历史上存在过、而在民国初年消失了的这个"北海"。

这是咋回事呢?南通历史上的这个"北海",它是怎样形成的,有多大规模,呈现了怎样的特点,发挥过怎样的作用,在史书上留下怎样的痕迹,最后又怎样归于消失的呢?

北海湾的形成,从南北朝时期长江干流南通段有了"胡逗洲"算起,经历了三四百年时间。形成的原因,据近人陈金渊等先生考证,系由于长江南通段的支泓——史书上的"古横江"流速舒缓,长江干流每年从上游携带的巨量泥沙在此沉淀淤积。到晚唐时,今南通城区所在"胡逗洲"的西北缘逐年向北岸大陆靠拢,导致流经这里的原长江支泓缩狭而成"清水港"。到了唐朝末年,通吕水脊的沙洲西端与北岸沙嘴完全涨接，封闭了原先的长江支泓古横江。横江向海一面的近海处，水比较深，泥沙淤积缓慢，形成一个马蹄形的水下盆地，与黄海相连接，这就是南通的北海湾。之所以叫作"北海"，由名责实，也许因为南通的南面已经先有一个"海"，这就是至今仍然存在的万里长江入海口。

北海的得名，还因为它位于通州、海门治所的北端。明代人形容通吕水脊区的地理形势时，有"北海南江"的说法。北海湾海岸线的位置，略等于历史上著名的"范公堤"的走向，即北起掘港场（北端点），西经马塘场，顶于石港场（西端点），折而东南，经西亭场，至金沙场折而向东，经余西、余中、余东三场，至吕四场为止（南端点）。

南通北海的大致轮廓，就是它的海岸走向，因为史籍有记，又加近人、今人详细考证，可以说得具体些。北海的西北侧，就是原来长江支泓古横江的北岸，南侧就是通吕水脊沙洲的北缘。宋代以后历次修筑的捍海堰（史称范公堤）遗址，勾出了这个海湾当年的确凿轮廓。这个开口向东的海湾，是以今如东县的掘港镇、马塘镇为北缘，以通州区的金沙镇和启东市的吕四镇为南缘，而以通州区的石港镇为西顶点，这样围成一个马蹄形的海湾。因在海湾南缘自宋元以来设有余西、余中、余东三所盐场，并在此基础上于清朝、民国之际"废灶兴垦"时形成三余镇，所以现代地理学上通常把这个海湾叫作"三余湾"。

这个马蹄形海湾的规模，历史上未见统计，也没听说有人做过测量。今从《南通年鉴2012》所附《南通市地图》量得：三余湾的东南顶点吕四镇，向西距三余湾的西南顶点金沙镇约60公里；金沙镇向北向西，距三余湾的最西顶点石港镇约15公里；石港镇向北向东，经过马塘镇，距三余湾的东北顶点掘港镇约30公里；掘港镇向南向东，距吕四镇约50公里。运用数学上的几何公式推算，以上各点所围的面积，大约为1000平方公里。

马蹄形"北海"湾的形成,为南通先民发展制盐产业提供了得天独厚的优越条件。海滩广阔平坦,属于沙泥质海岸,有利于盐民构筑晒灰亭场;海湾每天两次潮汐现象,便于保持海滩蕴含充足的盐分,以供盐民摊灰吸卤,淋取卤水;海湾周围满布洼塘湿地,便于芦苇、茅草蔓延生长,可补充用于煎卤成盐燃料的来源。这一地理特点,在《宋史·食货志》中叙述淮东盐区地理特征时有明确记载:"盖以斥卤弥望,可以供煎煮;芦苇阜繁,可以备燔燎。"唯其如此,北海湾沿线,从宋代起直到清代,约900年间,一直是淮南盛产优质食盐的所在。沿线著名的煎盐场有:掘港场、马塘场(以上今属如东),石港场、西亭场、金沙场、余西场、余中场(以上今属通州),余东场(今属海门),吕四场(今属启东)。

南通的北海,在宋以后的历史文献中多有记载。清光绪年间纂修的《通州直隶州志》的"历代兵略",刊载有明人金鱼的《防倭论》,其中说道:"石港(按:原文误作掘港)、新插港之东亦有北海,沙碛亦多,不堪重载,此但可从以入,而不可出者也。"可知到了明代中叶,北海湾已渐淤浅,不能承载大船往来。但在宋代,南通的北海确是一个非常美妙的海湾。

南宋丞相文天祥写有9首有关南通北海的诗,具体真实地描写了南宋末年通州北海海湾的伟丽风光。他的《石港》诗说:"王阳真畏道,季路渐知津。山鸟唤醒客,海风吹黑人。乾坤万里梦,烟雨一年春。起看扶桑晓,红黄六六鳞。"《卖鱼湾》诗说:"风起千湾浪,潮生万顷沙。春红堆蟹子,晚白结盐花。故国何时讯,扁舟到处家。狼山青两点,极目是天涯。"《虾子湾》绝句说:"飘蓬一叶落天涯,潮溅青衫日未斜。好事官人无勾当,呼童上岸买鱼虾。"《出海》绝句三首说:"一团荡漾水晶盘,四畔青天作护阑;着我扁舟了无碍,分明便作混沦看。""水天一色玉空明,便似乘槎上太清;我爱东坡南海句,兹游奇绝冠平生。""仲连义不帝西秦,投宅逃来住海滨;我亦东寻烟雾去,扶桑影里看金轮。"诗前有序说:"二十一夜宿宋家林,泰州界。二十二日出海洋,极目皆水,水外惟天,大哉观乎!"《北海口》绝句说:"沧海人间别一天,只容渔父钓苍烟。而今蜃起楼台处,亦有北来番汉船。"《渡江》绝句说:"几日随风北海游,回从扬子大江头。臣心一片磁针石,不指南方不肯休!"

从文天祥这些写实的诗歌作品,加以由此及彼的连贯思索,就能对南通的北海在宋代的"样子"有一个全面整体的"还原"和把握。那时,它是这样一个美妙的所在:

这是一个位于扬子江口北边的偌大海湾。从海湾西端乘坐小船,需要几天航程,才能到达扬子江口。它有着广阔的沙滩,约有万顷之多!风起潮生,可以看到千层万叠的雪浪花,接连不断地向沙滩推拥而来。这里海产品丰富,有蟹,有鱼,有虾,需要的人可以随时购买享用。附近居住着盐民,他们把土灰摊晒在海滩亭场上,午后傍晚,土灰吸足了海滩底土的盐分,结成弥漫的白色盐花儿。这里气候宜人,风调雨顺。春天到来的时候,雨下起来了,天空里弥漫着薄薄的烟雾。清晨,宿歇在土山树林里的鸟儿,发出啁啁的鸣唱,把贪睡的游客唤醒。一年四季吹着海风,人们暴露在外的皮肤都被吹得黑红黑红的。这里空气清新,视野宏阔:向西南可以看到35公里路外的狼山,向东极目望远,可以一直看到天的尽头。这里是观赏沧海日出的佳处:每当清早,晨曦初露,你站在海滩上,向扶桑国的方向一直望去,可以看到鲜艳的旭日缓缓升起;那金红色的光斑,如同巨大鲤鱼的无数鳞片,在海面上迷人地闪烁着。乘船来到海湾中央,你会看到,水的那个清澈透明,真是淡绿如玉呀!漂浮其上,如同荡漾在巨大的晶莹剔透的水晶盘子里,而四面的青天,就是这水晶盘的护栏。极目远眺,四处皆水,水外唯天,水天一色,行动自如,了无挂碍,既好像乘坐竹筏上天去见玉帝,又好像走近那自在神妙的海市蜃楼,这是怎样的洋洋大观啊!到这里来遨游一番,那才叫冠绝平生的奇妙享受啊!唯有如此奇美绝俗的风光,才引得身处绝境的文天祥,仍能有这般吟赏烟霞的闲情雅致。

那么,北海湾,或者说三余湾,是怎样从中国的水陆版图上消失的呢?

原来,元代末年以来,黄河夺淮入海,带来极其巨量的泥沙。黄海沿岸的洋流,长年累月地向南搬运着这些泥沙,使江苏东部海岸加速淤垫,海岸向东快速推进,整个淮东平原不断向外扩展。三余湾也受到影响,逐渐淤浅成陆。20世纪初叶,时值清末民初,南通实业家张謇发起并倡导"废灶兴垦",很快形成了规模巨大的围垦海涂浪潮。1914年在南通盐区大规模新筑海堤,废除煎盐,从事垦殖。于是,北起今如东县北坎镇,南经今通州区环本镇,到今海门市大东港一带,完全变成陆地,最终形成三余湾海积平原。绵延千年之久的南通"北海",就这样走进了历史的档案馆。

概而言之:南通北海的形成,源于胡逗洲涨接大陆;它的萎缩,源于"清水港"淤垫而失去来水;它的消失,源于清末民初掀起"废灶兴垦"浪潮时实施围海造田工程。从形成到消失,经由晚唐到清末,南通北海实际存续了997年(904—1901年)。《辞源》《辞海》的"北海"词条,未言及此,也是情有可原:大概学者们习今暗古,囿于今日海岸走向的现状,未曾考虑到清末淮东盐区曾有过大规模废灶兴垦、围海造田的事儿。即使今天的南通市民,熟知南通有狼山、濠河的多,绝少有人知晓南通地理上曾经长期存在过的"北海"。"土著"之人尚且于此茫然,不是出身南通或者研究南通的学者,当然更是思虑难于及此的。不过,如果要了解这些也不难,今从《南通市政府志》所附清末《通州全属图》标出的范公堤走向,尚可略窥千年南通北海的形貌梗概。

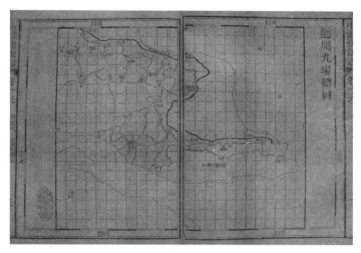

光绪通属盐场总图显示的北海湾地理位置

西汉刘濞煮海富国

说到两淮乃至江浙地区的盐业历史,有一个人不能忘记,他就是被称为淮盐鼻祖的刘濞(前215—前154年)。他是秦末汉初沛县人,父亲是汉高祖刘邦的二哥刘仲,他便是刘邦嫡亲的侄儿。

刘邦取得天下之后第七年,立二哥刘仲为代王,是汉初分封的九个刘姓诸侯国王之一,领3郡53县,都城为今河北省蔚县。这里北邻匈奴,不久便遭到匈奴的进攻,刘仲守御无方,弃国而逃,只身回到长安。刘邦因为血缘关系,不忍依法惩办,就把刘仲废为郃阳侯。

汉高祖十一年(前196年),淮南王英布举兵反汉。刘邦亲率大军征讨。这时刘濞年方二十,富有胆量,爵位沛侯,职任骑将,随叔父刘邦在军参战。他们在蕲西(今湖北蕲春)大破布军;又转战到甄乡(今安徽宿州),在那里进行两军决战。英布力不能支,被打得落荒而逃,过了几天就被长沙王吴芮的儿子成王臣诱杀了。

大战胜利结束,刘邦却陷入了沉思。他想到荆王刘贾(先在荆地为王,后移王吴地苏州)被英布所杀,又没有儿子承袭爵位。偌大的江南地方,从此没有一个可以信赖的刘家人就近管领了。而且,吴郡(治苏州)、会稽郡(治绍兴)

一带的人民，生性轻率强悍，如没有强壮有力的刘姓王就地镇守，只怕迟早会出乱子。可是自己的儿子，除了预储接班的太子外，其余几个年龄都小，难以外派。这可咋办呢？那时的帝王，承继以前帝王传下来的思维定式，笃信人与人之间唯有血缘关系最亲近可靠，所谓"谋事亲兄弟，上阵父子兵"，所以犯难了。

驻跸在沛县的家乡，刘邦思来想去，决定任命侄儿刘濞为"吴王"，以苏州为都城，统领长江下游江南江北的3郡53城，相当于把刘濞父亲被剥夺的地盘换了地方，原数归还给了他的儿子。之所以做这样的人事安排，一来因为诸位皇子年幼，二来因为废除了二哥的诸侯王位，刘邦心里觉得十分歉疚，任用刘濞，既是没有办法的办法，也是对二哥被废的补偿，刘邦心里并非十分情愿。

在履行封王程序，并举行授印仪式之后不久，刘邦就后悔了。因为他想起占卜者曾经对他预言，说："汉朝立国之后五十年，东南方向会有人起兵造反！"他又想到吴楚一带的人，世代不肯宾服于中央朝廷，只怕是积蓄实力之后，翅膀硬了，就会向中央发难。前面的灾难刚刚消弭，后面的灾难接踵又至，那可不是国家的福祉啊！

想到这里，刘邦召见侄儿，仔细端详，尔后对刘濞说："看你的面相，你好像有反相呢！"刘邦碍于帝王金口玉言，生米煮成熟饭，不好反悔封王的事儿。于是刘邦轻轻拍着刘濞的背说："人说大汉建国之后五十年，东南有人作乱，这个人会是你吗？"濞惊愕，无言以对。刘邦告诫说："刘濞，你要记住，天下姓刘的都是一家人，可千万别造反啊！"刘濞连忙磕头，说："臣侄不敢。"

第二年，刘邦就死了。太子刘盈接位，是为汉惠帝。惠帝仁慈孱弱，由母后吕氏秉政。那时天下初定，国家贫困，中央政府没有钱财拿出来支援地方建设，要求诸侯国各自安抚好自己管辖区域的人民。诸侯王还拥有征收封国内的田赋和自主任免官吏的权力。

吴国的都城本应设在吴县（今苏州），只因被荆王刘贾占了先，刘濞就移治广陵（今扬州）作为他的国都，开始了治国理政。他首先调查了封国内的自然资源，决定从大力开发具有独特优势的产业做起。封国地方广大，跨越长江，领有江南的豫章郡、会稽郡，江北的广陵郡，方圆1500公里。所辖53个县中，农桑都有较高的生产水平，只要不以无谓之事扰民，不违农时，老百姓吃饭穿衣不成问题。有的地方拥有特殊资源。例如豫章郡的章州（今安徽宣城）有铜山，可以采矿，用来铸造铜钱，这是能立即盈利的产业。虽然铸钱是中央政府的权限，但只要悄悄地做，不事张扬，朝廷未必能察觉。另外，封国内好多县域濒临海洋，海岸线广远，可以效法战国时齐国丞相管仲的办法，组织专门力量，从事海水煮盐，这也是能赚取利润的产业。

那时，天下郡县和各诸侯王国内，都有一些不习惯于安分守己种田为生的人。他们不时因为打架斗殴、偷财抢物、奸姨盗嫂、过失杀人等原因，违反朝廷法律，被官府追捕。他们东躲西藏，到处流窜，形成为数不小的流动人口。这些人成分复杂，一般来说品德不是太好，但是脑筋管用，身体倍儿棒，精力倍儿旺，胆儿大、敢任事、能担当，其中不少人还拥有一技之长。

于是刘濞下令，凡是天下亡命之徒流浪到吴国来避难的，一概给予居留权，对于所犯罪行不予追究，条件是根据自己的特长，参加铸钱或者煮盐劳动，自食其力。这些人的劳动过程由他们中有头脸的人物组织实施，官府派人监护管理，产品交官府低价收购，贮存在官仓里，劳动者获得生产成本和生活费用。这样，天下亡命者都乐为所用，纷纷来到吴国。吴国境内的铸钱产业，尤其是广阔海岸线各处的煮盐产业，便红红火火地发展起来。那时集中煮盐的场所，经近现代学者考证确实的，就有今南通市境内如皋城东北的"蟠溪"等处。

为了收聚蟠溪等处所煮的大量海盐，在海陵镇（今泰州）建筑大仓廪，号曰"海陵仓"，除了贮存粮食外，还辟出专门库房和场地，用以贮盐待运。为沟通生产地与销售地，以便及时销售营利，刘濞征发大批民佚，人工开掘了从扬州茱萸湾向东，经过泰州，直到如皋蟠溪的运盐河，初称"邗沟"。为区别于春秋时吴王夫差开挖的从扬州东郊向北直达淮水的南北向的古邗沟，后来就把这东西向的邗沟称为"运盐河"，尽管它兼运粮食和其他物资，却以运盐的功能最为著名。

吴国生产的大量铜钱和食盐，首先供给吴国本地人民使用。这只占全部产量的一部分。剩余的大量铜钱和食盐就运往外地，销售给不铸钱、不产盐，因而缺盐吃、少钱用的天下郡县或者诸侯国去消费。无论内销，还是外销，卖的价格都适中，既不多赚，也不少赚，由此获得大量商业盈利。吴国的盈利为数甚巨，以至于不需要向人民征收田赋（农业人头税），封国的财政收入已经足够官府运转而有余，成为当时诸侯王国中综合实力最盛的藩国。

这样过了15年，到了汉文帝刘恒执政的时候。那时吴王刘濞的太子已经十几岁了，应召到长安朝见文帝的太子，即后来的汉景帝刘启，侍奉太子饮食，并陪同他玩围棋。当时围棋的规则是，先掷彩，后行棋。跟随吴太子的师傅都是楚地人，生性轻薄、强悍，很少用心思教导他学习谦恭待人的礼节。这样，吴太子平时就骄横惯了，以致在与汉太子博戏时，竟然抢棋走，很失臣下谦恭礼道，让汉太子面子上过不去。景帝与文帝在历史上都是节俭低调的皇帝，当政时与民休息，号为"文景之治"。但年轻时的景帝也争强好胜，不知怎的一来，言语不合，一时被激怒，拿起围棋的棋盘掷向对方,失手把吴太子砸死了。

吴与朝廷由此结怨。朝廷护送吴太子遗体归葬广陵,吴王尚在气头上,说:"天下同宗,死在哪儿,就该葬在哪儿!"不予接收,遣返长安安葬。由此渐失藩臣之礼,又称病不按岁时去长安朝见皇帝。朝廷派员查验,知道他是为了太子的缘故,实在并没有病,于是,将吴王派到京城代替他行礼的使者全部扣留问罪。刘濞惊恐,暗地里寻思对策。从此,他节衣缩食,积金钱、修兵革、聚谷食,夜以继日,坚持30余年。他还用金钱结好东越(今浙南),以备不测时揭竿举事。

转眼到了中秋节,吴王照例派人代替自己到京城向皇帝请安。文帝严词责问,使者只好实话实说:"吴王实不病,只因朝廷把吴国使者扣了,心里不开心。再说,皇帝对臣下的缺失看得过多过细,不一定带来吉祥。现在您察晓他装病,如果狠狠责备他,他会更加苦闷,害怕皇上要杀他,甚至会觉得活着无聊。希望陛下能与吴王重新和好。"于是,文帝把历次扣留的吴国使者全部赦罪遣返,又赏赐吴王茶几和手杖,准许他以年老为由不亲自到长安来朝觐。刘濞见皇帝不再追究他的责任,原来思量的对策也就暂时搁置下来。

那时规定,男子23—56岁,都有轮流为官府当差的义务。不愿亲自当差的人,可以出钱雇人当差,被雇当差而得钱的人称为"践更"。吴国的国民已经不交赋税,刘濞又因煮盐铸钱盈利太多,宣布:凡是践更的钱,也不用轮值当差的人出,一概从官库中开支,并且依照当时物价公平支付。四时八节,他还用官库的钱慰问秀才,赏赐百姓。他还要求:当其他封国或郡县有人逃到吴国来避难,而被原属的官府追捕时,大家约同宽容,对避难者加以保护。刘濞的这些惠民政策,从为王开始坚持40多年,深受人民拥护,大家都乐意为他所用。至此,刘濞已经积聚了与朝廷分庭抗礼甚至发动叛乱的人气和实力。

到了汉景帝执政的时候，景帝的师傅、御史大夫晁错，认为诸侯王国势力过于强大，齐王70余城，楚王40余城，吴王50余城，瓜分天下将近一半，必将对中央政府构成威胁，因而提出"削藩"主张。他认为，对诸侯国，削会造反，不削也会造反，不如削而早反，这样祸害小些。景帝采纳了他的建议。于是，以吴王有过失为由，削去他的豫章、会稽两郡，改由中央管理。其他诸侯王国的地盘也有不同程度的削减，但以吴国被削的地盘最多。

在朝廷办理削藩文书期间，刘濞派人，或亲自登门，拜访相邻的诸侯王，约他们一同反汉。这些人正在为景帝采纳晁错的削藩策而恼火，正是一拍即合。大家商同以"请诛晁错，以清君侧"的旗号发难。转眼朝廷削除豫章郡、会稽郡的文书到了吴国，吴王即日于广陵起兵，是为景帝三年（前154年）正月甲子日。那年刘濞62岁，最小的儿子14岁，由此国中14—62岁的男人都得应征入伍，共得20余万人。楚、赵、胶东、胶西、济南、淄川等六国同时发兵反汉。吴遣使联络东越，东越亦发兵万人跟从。

因为财大气粗，刘濞在发给诸侯国的向汉朝宣战书中，宣称自己有精兵50万，加上其他诸侯国共同起事的30万，合计共有80万大军；凡是杀死汉军将领或汉朝官员的，比照汉律2倍给赏，例如斩捕大将，赐金5000斤，封万户侯，其余比类等差。他对参与叛乱的诸侯王各自进军的方向做了分配后，就亲率由吴、楚、赵组成的叛军主力数十万人，向汉朝的梁国封地（今河南开封）发起猛攻。计划攻占梁地后，西击荥阳、洛阳，继克潼关，占据长安。

汉景帝也有自己的安排：他派太尉、条侯周亚夫率领36个将军，往击吴楚；遣曲周侯郦寄击赵；遣将军栾布击齐；大将军窦婴屯兵荥阳，监齐赵兵。

就在各路兵马分派完毕、尚未出发时，有曾任吴国宰相的袁盎求见。他建言说："吴楚起兵,以讨伐晁错为口实。现在只要把晁错杀了,再派使者分赴七国,赦其起兵之罪,恢复他们被削的封地,这样兵不血刃,就可以平息事端。"景帝默然良久,考虑到吴楚叛军来势凶猛,朝廷尚无必定胜算,长叹一口气说:"我不能为了怜惜一个人,而影响获取天下人的谅解。"就派掌管京城治安的武官中尉哄骗晁错上车同行,车到东市(京师刑场所在地),中尉拔出佩剑就把晁错杀了,晁错身上还穿着上朝的衣服呢!

朝廷按照袁盎的计策,随派袁盎为使者,飞车赶到刘濞军营,告诉他晁错已然伏诛,要他接旨退兵。不料刘濞说:"我已经做了东帝,还拜接谁的圣旨?"原来所谓的"清君侧",不过是刘濞等人为起兵反汉找的借口。袁盎只得想法脱身,飞报汉景帝。

条侯周亚夫率大军出潼关,经洛阳,过荥阳,来到淮阳。他父亲的门客邓都尉献计说:"吴兵锐气正盛,难以同它争锋。楚兵轻率浮躁,不能持久。为将军计,不如丢下梁国不救,让刘濞与梁王较劲;而将军引大军到东北方向的昌邑南面(今山东成武)构筑深沟高垒,不与吴军交战,以逸待劳。一面派出轻装便捷部队,潜行到淮河的淮泗口(今淮阴附近),阻断吴军运粮船队。等到吴梁交战双方精疲力竭,而吴军匮粮时,将军全体出动,以全强之军制疲极之师,必然大获全胜。"周亚夫从其策。

果然,到二月中旬,吴军即因乏粮而不能支。梁军城守坚固,吴不能克,又不敢向西,害怕腹背受敌。乃弃梁,转而东寻周亚夫决战。双方大军会于下邑(今安徽砀山)。吴军缺粮,利于速决,屡次挑战,汉军坚壁不应。吴军无奈,只得以精锐部队攻城。先放火焚烧东南壁垒,汉军大惊。条侯揣度此为佯攻,急命严备西北壁垒。吴军果然以精锐部队入西北,双方拼死搏战,吴军士兵多饥死。遂大破吴军,叛军溃散。刘濞只率得几千壮士逃到江南的丹徒,而东越人已先受汉命,诳而杀之,葬于谏壁。伙同叛乱的诸侯王多自杀,不肯自杀的全部被杀,封国撤销,领土归入汉朝郡县。吴楚七国之乱就此被汉击平。刘濞从起兵到被杀,历时月半。上距始封王42年,距汉朝开国52年,与占卜者和汉高祖预言不谋而合。

吴王刘濞在江淮盐业发展历史上写下了浓墨重彩的第一笔。他有三大贡献:一是为江淮盐业两千年发展兴盛奠定了坚实的基础,是江淮盐业有文字见于史籍的开端;二是开唐代第五琦、刘晏对盐行业实行专业化管理的先河;三是为汉武帝实行食盐专营提供了实例和样板。他也给后人留下了有益的经验教训:一是发展地方经济要扬长避短,因地制宜;二是发展经济要让全体人民受益得实惠;三是盐业要实行专业化生产,避免与农业产生矛盾,这是他比管仲进步的地方;四是穷不失志、富不癫狂,地方再有经济实力,也不可与中央政府分庭抗礼;五是要善于化解矛盾,切忌因小愤酿大仇,贪虚名受实害。汉初文景之治,与民休息,并无苛政害民、失德悖义,天下思定、人心向安,刘濞假借事端而恣意妄为,所谓"失道少助、理曲师老",自取灭亡是必然的。

始凿于汉代的运盐河(原载《张謇》画册,张慎欣提供)

海滨盐田南兖州

吴楚七国之乱被汉击平后，刘濞的封地纳入中央政府管辖的普通郡县版图，执行中央政府统一的经济政策和民政法律。那时朝廷尚未实施食盐专营政策，所以，江淮一带煮盐产业就由当地的地主和豪强接管下来，原来归入吴国财政收入的盐业运销利润，就源源不断地流进了地主豪强的钱仓。

过了14年，16岁的刘彻接位，他就是雄才大略的汉武帝。他在祖父汉文帝、父亲汉景帝连续39年"轻徭薄赋、与民休息"，积蓄丰厚国家实力的"文景之治"基础上，开创了中华民族"开疆拓土、国雄兵强"的汉武盛世。他内修法度、整饬民政、北驱匈奴、西拓异域，做成了许多前无古人的大事业，也用尽了前人积蓄和当代聚敛的巨量钱财，以致国家财政入不敷出，捉襟见肘。而从事冶铸和煮盐的民间富商大贾，许多人聚积家财达到巨万金钱，却没有人愿意出钱帮助国家分忧解难。元狩五年（前118年），大农丞东郭咸阳、孔仅上奏说："山海天地蕴藏的财富，应当归属掌管皇室内务的少府，皇帝别把它看作私有财产，统交国家财政部门，用来补充赋税收入的不足。建议朝廷出榜招募天下能人，自备生产生活费用，利用官府置备的器具生产食盐，官府包购其产品，补偿其生产成本。那些想占有国家资源发私家财的人，他们散布反对官营的言论一定会很多，陛下不可听信。凡是不遵守朝廷法令，敢于私下里铸钱、煮盐的人，必须严办，在他们的左脚脚趾上都套上脚镣。"两人的建议，正可解武帝燃眉之急，立即被他采纳。就派他们两人乘坐官车，巡行天下州县，设置盐铁官府，聘用过去经营盐铁产业致富的大商人做盐铁官。这样一来，汉家朝廷的财政紧张局面就逐渐缓解了。这就是汉代著名的"盐铁官营"政策。

盐铁官营的实施，充实了国家财政，却剥夺了富商大贾发家致富的重要财源，他们哪能心甘情愿呢？武帝在位时，他们有话不敢说，害怕违法治罪，丢了性命。等到武帝一死，他的年幼儿子昭帝即位时，他们认为说话的机会来了。于是，在汉昭帝始元六年（前81年），他们利用被其笼络的部分儒生，对食盐专营政策发起猛烈抨击。为探讨该政策的是非，朝廷下诏，召集各郡县和诸侯王国选举贤良文学之士到长安开会，就"民所疾苦"和"教化之要"，向他们进行政策咨询。这些人异口同声说："希望停止盐铁、酒榷的垄断专营，停止对商品采购和市场物价的管制，别与天下老百姓争夺商业利润，官府应当带头发扬勤俭作风。"在贤良文学之士纷纷发言之后，朝廷的代表、御史大夫桑弘羊阐述了官方的观点，他说："盐铁、酒榷都是国家财政收入的重要来源，是国家长治久安的物质基础；安抚少数民族政权要用钱，巩固边防要用钱，国家机关正常运转也要用钱，不可以罢歇和废除！"会议采取民主讨论的方式，双方详细阐述自己的主张，反复驳斥对方观点，直到最后，意见也没能统一。考虑到当时国家财政还算宽裕，所以朝廷采取折中办法：部分吸纳贤良文学之士的意见，停止酒类垄断，转由民间经营，但食盐专营和铁类管制政策坚持不变。这场有趣的经济政策辩论大会，留下了详细的原始档案。到了昭帝的儿子汉宣帝执政时，有个名叫桓宽的文学家，对其加以整理标目，厘定为60篇，这就成了历史上广为人知的经济学著作《盐铁论》。

到了东汉前期，食盐专营政策还维持过一段时间。汉章帝时，扬州也设置了专门的盐务官署。和帝以后，改为征税。东汉以后是三国，因为战争原因，为了支撑庞大的军费开支，在魏国和吴国相继占据淮东地区期间，都在扬州设置专管盐务征税的军事官员，对盐务实行军事管制，官职就叫司盐校尉。

东晋和南北朝时期，中华民族经历了从公元317年到589年长达272年的大分裂。大致以淮河为界，南方存在过汉族政权东晋以及宋、齐、梁、陈共5个互相衔接的朝代；北方存在过许多少数民族政权，史书习称五胡十六国，实际上大大小小、前后嬗替或同时并存，如同走马灯式存在的，还不止16个地方国家政权。

这一时期，是江淮盐业生产规模进一步扩大、生产技术进一步成熟的重要时期。既是汉代江淮盐业发展水平的总结提升，又为唐代江淮盐业生产进入全面昌盛期，从生产场地、生产技术和熟练劳动力等方面，奠定了重要的基础，准备了必要的铺垫。

东晋（都城今南京）存在了103年。那时，随同晋元帝司马睿一同从中原南渡来到江南的，除了许多皇室成员外，还有为数众多的在中原各州县做大官的士族大家举族南迁。他们把自己这帮人称为"侨流"，相聚而居，很不习惯江南的地名称谓。为广招徕，晋元帝迁就他们，就在江南地方设置了不少"侨州"、"侨郡"、"侨县"，让他们换了地方照旧当官，官府官名都照旧，感觉就像在中原原地当官时一模一样。

那时的扬州，就安置了一个这样的"侨州"，叫作"兖州"。兖州本是鲁西南的州名,因为那里官府的官儿都逃到扬州来落了脚,还继续要当他原来的官儿,所以东晋就把扬州改称"兖州"。而扬州的官儿都逃到了建康(今南京),就把建康改称"扬州"。徐州的官儿都逃到了京口(今镇江),就把京口改称"徐州"。这都乱了套啦!后来宋武帝刘裕收复山东,重又设置了个兖州。为了互相区别,把安顿在扬州的这一个"兖州",就改称为"南兖州"。

南兖州的幅员很广,包括汉时的广陵郡,江北淮南的沿海地方都在它的管辖范围之内。那时有个文学家,名叫阮升,写了一本《南兖州记》。原书在历史变迁中已经找不到了,但是在有关类书引用的话里,还能看到《南兖州记》内容的一鳞半爪。关于盐业的有一句,说:"南兖州沿海有盐亭一百二十三所。"这句话可宝贵啦,弥补了那一时期正式史书记载江淮盐业发展状况的空缺。

"盐亭"这个词,最早就出现在这部《南兖州记》里。它的含义有两个:一个意思是指一种盐业生产的设施,盐民们把在海滩上整治出来的一块坚实平滑的滩田叫作"亭场",用途是晒制咸泥,淋取盐卤,以备煮卤成盐,这是生产力经济学范畴的概念。另一个意思是从这个意思上延伸出来的,它是指盐业生产管理体制中的一级组织,起初叫作"盐亭",后来叫作"盐场",这是生产关系经济学范畴的概念。例如,南通地区如东县城掘港镇,在唐代叫作"掘港亭",由宋代至清代则叫作"掘港场"。

亭的建置,可以追溯到更早的秦汉时代,例如汉高祖刘邦,最早的官衔就是秦朝的"泗水亭长"。盐业生产组织体制中,最早在何时出现"盐亭"建置,现在尚无权威论定。据今人李实秋先生等研究,西汉末年王莽篡汉,推行"政治改革",尽改天下郡县名称。南通地区当时所在的"海陵县",就曾改名为"亭间",含义是"亭场之间";一称"亭门",意即"亭场之门",因为这里"门四望皆鹾卤亭煎"。

南兖州盐业生产基层组织机构达123所,也就是说,南北朝时期江北淮东共存在123所盐场。这可不是一个小规模呀!也许,那时大自然正在十月怀胎,积极孕育江海平原,沙洲海岛遍布,导致煮海为盐的地方星罗棋布。须知:在元、明、清三代淮盐全盛时期,正史记载有明确称谓的两淮盐场,也只有区区30所呀。这已经是全国首屈一指的最大产盐区域呢!

南北朝时期,江淮盐业生产规模确实在蓬勃发展,还有两则史料可以佐证。一则是东晋大文学家郭璞(276—324年),这位只活了46岁的辞赋家,写下了有史以来第一篇以盐业生产为主题的赋——《盐池赋》。这篇赋所反映的对象是晋西南的池盐生产。但在赋前所写的序中,说到江南的海盐业现状,语曰:"吴郡沿海之滨有盐田,相望皆赤卤。"他指的是今为上海市松江区和浙江省海宁市的海盐生产。另一则是南朝宋文学家、诗人鲍照(414—466年),他写了一篇《芜城赋》,主题是描述扬州惨遭北魏南侵、竟陵王叛乱两次战火,城市面貌被糟蹋得不成样子。其中说到江北淮东的盐业生产,是"孳货盐田,铲利铜山;才力雄富,士马精妍"。

南北朝时期,南朝历代小朝廷之所以重视并扶持盐业生产,是因为中国分裂之后,统治区域较之国家统一时期,地盘减缩一半,财政收入的税源相应减缩,而国家机关运转开支照旧,所谓"麻雀虽小,五脏俱全";又加之南北政权对立,军事对峙,必须保持较高水平的军费开支,所以对盐业生产采取始终一贯的扶持政策。而江淮盐民一向聪明勤劳,只要有一块可以利用的海滨咸地撂荒闲置,马上就会被人发现,并且有效利用。

《南兖州记》说到"盐亭",《盐池赋》和《芜城赋》都说到"盐田",这表明西汉时期直接煎炼海水为盐的煮盐生产工艺技术,从汉末开始变革,到南北朝时期已经有了重大的发明和改进。这就是先在海滩构筑亭场,利用亭场底层土壤的"毛细现象"吸取盐分,晒制咸泥,然后用海水淋滤咸泥,取得高盐度咸卤,再利用海滩边缘洼地草荡里生长的芦苇杂草,燃火煮卤得盐。

煮盐工艺技术的巨大进步,在同时代文学家的作品里,也得到及时反映。这就是南朝宋齐间辞赋家张融(?—497年)写的《海赋》。在他之前,西晋文学家木华已经写了气魄宏伟、语言俊拔、广为传诵的《海赋》,后被收入梁代昭明太子萧统在扬州担纲主编的《文选》里,可见其显赫名声。《海赋》说到海洋物产,却漏说了海盐。张融是个偏要挑战权威的人,立志要写一篇超过木华的同题大赋。当他把文辞诡激、自鸣得意的文稿拿给大画家、将军顾恺之过目时,顾评论说:"您的这篇《海赋》,水平真的超越了木华。若说有什么缺憾,那就是既然写海,怎么没说到海盐呀?"张融闻言,认为指点正确,当场向顾索取笔墨,略一思索,在原稿上加添了如下四句:"漉沙构白,熬波出素;积雪中春,飞霜暑路。"由此可见,江淮盐业的工艺进步,在当时上流社会已不是什么秘密。张融添加的这四句,比较原文其他章句,没有矫揉造作,自然优美流畅,成为全赋的亮点,因而常被后代研究盐学的文章家所引用。

发明这种工艺的人,史书没有介绍,应当视为江淮盐民在劳动过程中,互相交流、互相启发、长期琢磨、长期改进、逐步总结提高的结果,是千千万万江淮盐民世世代代集体智慧的结晶。在500年后宋代大学问家乐史所编的地理学总著《太平寰宇记》里,作者把这一创造发明,总结为犁土产盐法,置于"泰州—海陵监"篇目之下。具体介绍文字如下:

凡取卤煮盐，以雨晴为度，亭地干爽。先用人牛牵扶刺乃取土。经宿，铺草籍地，复牵爬车，聚所刺土于草上成溜，大者高二尺，方一丈以上；锹作卤井于溜侧。多以妇人、小子执芦箕，名之"黄头"，舀水灌浇，盖从其轻便。食顷，则卤流入井。取石莲十枚，尝其厚薄：全浮者，全收盐；半浮者，半收盐；三莲以下浮者，则卤未堪，却须剩开而别聚溜。卤可用者，始贮于卤槽，载入灶屋。别役人丁，驾高车，破皮为窄连、络头、皮绳，挂着牛犊、铁杈、钩搭，于草场取采芦柴、苃草之属。旋以石灰封盘角，散皂角于盘内，起火煮卤。一溜之卤，分三盘至五盘，每盘成盐三石至五石。既成，人户疾著木屐，上盘，冒热收取；稍迟则不及。收讫，接续添卤，一昼夜可成五盘。住火，而别户继之。上溜已浇者，摊开，刺取如前法。若久不爬溜之地，必锄去蒿草，益人牛自新耕犁，然后刺取。大约刺土至成盐，不过四五日。但近海亭场，及晴雨得所，或风色仍便，则所收益多；盖久晴则地燥，频雨则卤薄。亭民不避盛寒隆暑，专其生业故也。然而收溜成盐，故不恒其所也。

亭场制卤（原载《栟茶史料》）

从直接煎炼海水为盐,到"晒土成灰,淋灰取卤,煎卤得盐",是淮盐生产工艺在南北朝200余年间实现的革命性、历史性的一大进步,意义极其重大。它的历史进步表现在:一是节省柴草;二是节省人力;三是提高效率;四是把制卤和制盐两道工序适当分开,可以更灵巧地利用时间和空间,例如晴天制卤、雨天煮盐,分散制卤、集中煮盐。它使有限的人力物力资源由此得到更为充分有效的利用,是人类聪明才智和创造能力的生动体现。它为唐宋元明清1300年间,淮南盐区成为中国第一盐区、淮南煎盐成为中国最佳食盐,奠定了坚实的人力物力基础和工艺技术基础。

沧海桑田胡逗洲

从晋元帝建立东晋开始,到隋文帝灭陈,中国经历了270多年南北朝的大分裂,到隋朝的开皇九年(589年),中国重新成为多民族统一的大帝国。隋文帝杨坚有鉴于前人骄奢淫逸、误国乱政而丢失天下,因而躬行节俭、轻徭薄赋、与民休息。他下令:废除秦汉以来对酒类和盐业实行专营与征税的传统制度,"罢酒坊,通盐池盐井之利,与百姓共之",实行无税制,让民间百姓自由酿酒煮盐,远近大悦,天下拥护。从隋开皇三年(583年)到唐开元九年(721年),前后130余年间,是中国食盐无专税时期,也是盐业生产力大解放、大发展时期。

食盐无专税、无管制的自由产销制度,促进了盐业生产向更加广阔的空间发展。不以农业为满足的人民,纷纷进军海滩荒岛,安家扎根,以煮盐为业。煮盐业的开拓发展,把因为地处偏僻而长久不为外人所知的海岛,同国家、社会大市场联系起来,促进了荒岛的开发和进步。南通地区沧海成为桑田的历史变迁,就是典型的实例。

宋元之际大学者马端临,在他介绍天下古今典章制度沿革的348卷巨著《文献通考》中,这样介绍南通:"通州本唐盐亭场。"

这句话道明了通州的发祥与盐业生产的关系,很著名、很权威,所以被历代《通州志》所引述。大家知道,中国历史上有两个通州,一个在北京附近,一个在长江入海口。为了互相区别,佚名氏还写了一副趣联:"南通州北通州,南北通州通南北;东典当西典当,东西典当典东西。"马端临这里说的通州,指的就是南通州,因为煮盐生产多半与毗邻海洋的地方有关。

在马端临之前,南宋时有学问家王象之、祝穆两人,相继撰著《舆地纪胜》200卷、《方舆胜览》70卷,都是介绍各地州府历史沿革、风土人情的地理学总著。说到南通州的地理特征,他们都引用了当时流传的联语。例如:"鱼盐之利,富商多集;弦歌之学,章甫亦众。""以诗书之富变鱼盐之业,以洙泗之风易淮海之陋。""富商丰鱼盐之利,章甫喧弦诵之声。""岂特富鱼盐之利,抑将资保障之雄。""有煮海摘山之大利,当航川梯峤之要津。""盐鹾转饷,岁益于商缗;薪粲论输,日交于吏案。""土风淳厚,人自足于鱼盐;吏隐丰余,地不惊于烽燧。"亘古以来,人们称海是鱼盐之仓,"日出一金牛,胜过万担粮"。南通州既丰鱼盐之利,又无兵燹之警,所以在宋代,人们美称南通州为"崇川福地"。

南通州在宋代以后是陆地,但在唐代以前却是一群岛屿。南通州的前身是以"胡逗洲"为主体,并与"南布洲"、"东布洲"等小沙洲连接而成的大沙洲。北宋初年,历史地理学家乐史所著的200卷《太平寰宇记》,曾说到这事儿。在该书"卷一百三十·淮南道八·泰州·海陵县"一节,他写道:

胡逗洲在县东南二百三十八里海中。东西八十里,南北三十五里。上多流人,煮盐为业。

那时站在北方大陆,隔着夹江看胡逗洲,就如同现在站在启东市南境,隔着夹江,看对岸崇明岛的感觉一个样。

一个长40公里、宽17.5公里的制盐所在,实为六朝至唐代南通市境南部最大的盐区。然而得名"胡逗"二字，是什么含义，不大好理解。疑"胡逗"应为"胡豆"，以沙洲上盛产胡豆而得名。胡豆实际上就是大家熟知的蚕豆，较之稻麦，蚕豆具有一定的耐盐性，能够在脱盐未尽的海中沙洲土壤里生长成熟。还有，蚕豆与冬小麦一类，属越冬耐寒作物，所以启东、海门乡间农人在他们的土语中，习称蚕豆为"寒豆"。"寒"，启海方言土音读如江淮官话的"合"，或者"和"。土人说"寒豆"，在外乡人听起来好像说"合豆"或"和豆"。推测宋初采风之人，类多外地文化水平较高的文士学者，不甚精通土音土语，以笔记音，音转而讹，遂将"寒豆"记为"胡豆"，又因传抄手误，再讹为"胡逗"。以后陈陈相因，至于后世。

"胡逗洲"的具体介绍，在《太平寰宇记》里是最详细的。但是这个名称最早出现在正式史书里，比《太平寰宇记》还要更早些。那是在隋唐之际史学家姚思廉撰著的《梁书·侯景传》里，并见于唐代史学家李延寿撰著的《南史》的《羊侃传》与《侯景传》中。

两书三传把胡逗洲一处写成"壶豆洲"，两处写成"胡豆洲"，字虽然异而音皆同，说的都是南朝梁代的侯景之乱与胡逗洲有关的事儿。事情大致原委是这样的：

蒙古人侯景，本仕北魏，以骁勇善战，多立军功，素擅声名。侯景生性凶残，狡诈多变，但掠得财宝多赏赐部属，故能得将士死力，所向多捷。先叛北魏降东魏，继叛东魏降西魏，再叛西魏降南梁。南梁任用侯景为河南王，拥兵10余万。后因反对南梁与东魏媾和，复居寿春（今安徽寿县）叛梁。得阴谋篡梁的梁武帝侄萧正德为内应，竟以轻兵偷袭梁都建康城（今南京）。经历相持日久的反复攻守，趁隙攻入台城，挟持梁武帝，自称丞相，致武帝气恨而死。继又攻占吴郡、吴兴郡、会稽郡等三吴沃土，占领皖、赣、湘、鄂多地，专权擅行废立，最后篡梁自立为汉帝。梁王萧绎统率王僧辩、陈霸先二军，历经旷日持久搏杀，终胜侯景，占领建康。侯只收得残部百余骑兵逃奔吴地（今苏州市）。在松江（今属上海）被王僧辩部将击败，从沪渎逃入大江，意欲前任山东蒙山，图谋东山再起。行至胡豆洲，被随行亲兵杀死于船中。至此，侯景之乱历时三年，以死亡数十万军民，致千里绝烟、白骨丘陇为代价，终被击平，而梁朝元气亦大伤，不久被南陈所取代。

由此可知：胡逗洲孕育生成于南北朝时期。它生成的原因是，万里长江东流而去，不停地从上中游携带大量泥沙，而在江面宽阔、导致流速趋缓的下游入海口逐渐沉淀下来。它有着一个长年累月，不断凝聚、合并邻近沙岛，而逐渐由小长大的过程。当它达到《太平寰宇记》中记述的"东西80里，南北35里"规模时，经今人陈金渊父子研究，其具体位置相当于现在西起平潮镇（今属通州），东到西亭镇（今属通州），南起南通城，北到刘桥镇的幅员范围。在漫漫历史长河中，胡逗洲又粘接上了东边的"南布洲"（今属通州区治的金沙镇在焉），后来又挽起了再东边的"东布洲"（今属启东市的吕四镇），最终形成了"通吕水脊区"，而绵延千年之久的"北海湾"也就随之形成。

从南北朝直到唐代，居住在胡逗洲上的人们，都在干什么，并且以什么为生呢？《太平寰宇记》说："上多流人，煮盐为业。"

从清代人徐松所辑的《宋会要辑稿》逆推，联系考古发现，可知南北朝至唐代，在胡逗洲周边海滩区域，曾经存续过永兴、西亭、利丰、丰利、石港等盐亭。这些盐亭到五代时都升格为盐场，并且增置"东海都场"以总辖之。到北宋初年，这些以煮盐为业的地方仍称盐场，又创设"利丰监"以总辖之，监是当时设置在专区一级的盐务管理专门机构。

当时来胡逗洲煮盐的人们，被史家统称为"流人"，有点像现在所说的"移民"。这些以煮盐为业的"流人",大概分属于两个部分:一部分人是因为遭遇天灾人祸,在原居住地待不下去,流浪逃荒到海岛来异地谋生的难民;另一部分人是因为违反国家法律,被判罪处刑,流放充军到海岛来服役赎罪的罪徒。把罪犯流放到海岛上的做法,五代和北宋初期都有明确的史书记载。海岛四面环水,警戒容易,罪犯不易潜逃。这一做法外国也有,例如基度山伯爵就曾在一个偏僻荒岛的囚室里服过苦役。至于把罪犯遣送到盐场煮盐赎罪,则后来的宋代、元代、明代都有同样的做法。

总之,"胡逗洲"被读书人所知晓,因缘于唐代史学家把侯景的故事写进了两部史书。而胡逗洲作为盐亭场,在国家财税系统得到重视,应当归因于唐代开元元年(713年)左拾遗刘彤上奏唐玄宗的《论盐铁表》。其中说道:

夫煮海为盐,采山铸金,伐木为室者,丰余之辈也。寒而无衣,饥而无食,佣赁自资者,穷苦之流也。若能收山海厚利,夺丰余之人,蠲调敛重徭,免穷苦之子:所谓损有余而益不足,帝王之道,可不然乎?

自此,隋文帝的"纵民煮盐"政策宣告结束,煮海为盐的巨大利益重新受到朝廷的格外重视,而收归国家。

南通人的祖先是煮海为盐的"流人",其实这没什么让人不齿的。具体问题具体分析:流人中的难民,一般说来,有头脑,有勇气,他们不愿意因为事故灾难而在一棵树上吊死,笃信"树挪死,人挪活"的生活辩证法,勇于离乡背井、别谋生路;而流人中的罪徒,无论是恩仇杀人、斗殴伤人,还是穿墙窬穴、掘墓发冢、偷香窃玉,一般说来,他们都是不愿意循规蹈矩过活的人,所以脑筋灵活,敢于担当。又因为海岛地处天涯,非兵家必争之地,正如陈毅元帅在抗战时指出的:南通地处"牛角梢",不利于大兵团回旋机动,所以新四军的军部只能放在盐城。

南通人居处"牛角梢",产生了两个后果:一是南通人脾气性格得南蛮北侉之中,不急不躁、冲和优雅;二是南通的男人稳健持重、恋妻顾家、安土重迁,旧时村谚往往拿此与扬州女伎相媲美。"牛角梢"也有缺陷:除了明代中叶出过一个盐民义勇曹顶(私谥将军)外,南通没出过多少将军。这缺陷同时带来一个好处:烽火狼烟较少涉及,人民安居乐业于鱼米之乡,有利于读书人安心读书、修成正果。例如,北宋大观年间南通州一次送考三位举子,全被录入京师的国子监,且名列前茅,当时号为"利市州"。又如清乾隆间出了胡长龄,光绪间出了张謇,成为举世闻名的大状元;还有范氏世家,诗文传家,百代不衰,等等。

胡逗洲煮海为盐的流人,还留给后人一份极其古怪的遗产。这就是独具特色的南通方言,是为语言学研究领域的"孤岛现象"。语言学家研究南通地区方言,将城区及六县分为三个方言区:北三县的海安县、如皋市、如东县属于江淮语系,东南面的海门市、启东市属于吴语系,唯独南通市城区和通州区西部属于独特的方言区。南通方言与全国任何语系都没有直接的渊源关系。因为它是由历史上来自周边众多州县的"流民",来到胡逗洲这个"与世隔绝"的孤岛之后,在新的移民环境中,经过长期融会贯通,既吸取各种语言成分,又不同于各种语言原貌,在无意的整合中,自然而然生成的新种类语言。它有独特的、自成体系的声母、韵母和声调系统,还有很多富有表现力的独特语词。初来乍到南通的人,对这种独特方言感到特别新鲜,感觉好像在听人说外语。例如,南通人说"家里没有人",在外地人听起来,像是在说"锅里没得盐"。南通独特的方言,使很多唐代汉语的语音痕迹得以保留,有利于今天的人们揣摩唐音古韵,模仿唐诗宋词。

南通州由海而陆的历史变迁,留下了多处时代烙印。南通三塔中的光孝塔、支云塔均建筑于唐代,反映唐代文明已然在这块土地上兴起。多处建筑工地在地基开挖中发现大量贝壳,不止一处从地下深处出土古代海船,印证了南通与北面大陆之间曾经存在夹江。出土的古人墓志中有"永兴场"、"运盐河"字样,诉说着南通州在唐代前后确是盐亭场。而濠河宽窄无序、弯曲随意的形状,也在告诉人们,这是古代沙岛遗留的自然胎记。

"人间正道是沧桑。"沧海桑田的变化不仅是人类社会的兴替规律,也是历史地理变迁的自然辩证法。南通地区的生成变迁,生动地反映了这一规律。由于江河泥沙沉淀和海进、海退现象周期性变化的综合作用,大约两千年以来,南通地区既有从沧海变成桑田的,如胡逗洲、南布洲、东布洲的生成与连接,这是主流;也有从桑田回复为沧海又变为桑田的,如东布洲南部在宋代成陆,明代以后沉没,清初以后复从海中涨起,这是支流;还有从桑田变为沧海之后一去不复返的,如东布洲东部在宋代成陆,明以后永久沉没,这是特例。由此可知:大自然创造和改变人类生存环境的能力是多么强大啊!可喜的是,南通至今仍在接受海洋赐予的土地,延续着沧海桑田的伟大变迁。

唐以前南通地区江海岸变迁示意图

骆宾王浪迹天涯

唐初,天下盐业尚处在自由生产、自由运销、无官管无专税时代。那时今南通地域的北半部是大陆,盐业生产在南北朝的基础上,产盐规模有长足发展,慢慢建立了一种名叫"盐亭"的盐业产销管理组织。后来到了中唐时期,在那里就设置了盐业生产运销的高层监督管理机构——监,因为那时南通全境地属海陵县(今江苏泰州),所以叫海陵监。南通地域的南半部是大海,海中有胡逗洲、南布洲、东布洲等沙洲群。在这些大沙洲上,有许多从外地流亡,或者犯罪被朝廷流放的人们,来到这里居住。他们除了从事打鱼和种植以外,主要的生计来源就是煮海水为盐。他们建立了一些盐业生产设施,五代时就在这些设施的基础上,升格为盐场(永兴场为其一),并且建立了东海都场(总场),总辖各盐场的盐业产销。宋代又将东海都场升格为利丰监(驻地在通州,今为南通城区),管辖南通南部地区各盐场的盐政事宜。这已是后话。

唐初,南通地区南部海中诸沙岛中,有一处叫白水荡,它在东布洲的东北端,现今位置约略相当于启东市北部重镇,一个叫作吕四镇的地方。白水荡是这里最早的名称。推原它之所以叫"白水荡",应与大陆架由海成陆的自然进程相关。大海的极深处海水颜色为墨蓝，较深处为浅蓝，次深处为绿色，较浅处为白色，极浅处为浑黄。东布洲早在南北朝时期已然淤涨成为沙洲，故今为吕四镇的一带，在唐初已成长为杂草丛生、芦苇茂密的草荡，周围水域的海水颜色因而呈现出介于极浅海水与次深海水之间的白色。在这里，要找寻隐藏在草荡里的人，其难度不会比从大海里捞针小。

传说在唐高祖李渊武德三年（620年），已经有人在白水荡开辟煎盐亭场。这里四面环海，沙滩广阔，到处是生长旺盛的芦苇，发展煮盐产业具有更多便利条件。人们利用沙滩构筑亭场，用于犁土晒灰，再用海水淋滤咸灰，得到卤水，然后砍斫芦苇，煮卤成盐。盐成后，自行用舢板装载，过江到江南大陆或者江北大陆去销售牟利，自家未备船只的，就等待专门的盐贩雇船操舟到海岛上来收购，从售出盐品中收回成本，并获取利润。

就因为白水荡地处海角荒岛，天涯绝域，人迹罕到，所以在唐初武则天（684—704年）时期发生的"政治风波"中，这里有幸与当时享有盛名的大诗人发生联系，成为他的避难隐居场所。这就是中国文学史上"初唐四杰"之一、大名鼎鼎的骆宾王。

因为史籍语焉不详，所以骆宾王确凿的生卒年代成为难考的谜团。他大概出生在唐太宗李世民贞观十二年（638年）或十四年（640年），祖籍婺州义乌（今浙江义乌）。时当唐太宗有鉴于亡隋之失，推行与民休息的"贞观之治"，发展科举、选拔人才，征言纳谏、轻徭薄赋，天下乂安、人民和乐。骆宾王天资聪颖，7岁能诗赋。所作杂言儿歌诗《咏鹅》"鹅鹅鹅，曲项向天歌。白毛浮绿水，红掌拨清波"流传千百年，至今还作为儿童启蒙诗篇。他的父亲在青州博昌（今山东博兴）做县令，死于官所。骆宾王奉母移居兖州瑕丘（今山东曲阜）。20岁前后，他到京城长安（今陕西西安）应试,没被录取,就在京城和洛阳一带漫游。曾作《帝京篇》,铺陈首都风物,辞采绚烂、声调宛转,当时称为绝唱,声名鹊起。唐高宗永徽元年(650年),道王李元庆征辟他为府属。一天,李元庆召集府属,让他们各自陈述有啥专长能耐,骆宾王缄口不言。因不获展其才,未久辞归,闲居瑕丘。落魄不得重用,有时便与博戏赌徒们交游往还。乾封二年(667年),赴京对策中式,被朝廷录用,授奉礼郎,兼东台(门下省)详正学士。咸亨元年(670年),随将军薛仁贵出征边塞。三年(672年),随军调赴姚州(今云南姚安)平叛。边塞安定后,宦游蜀中。上元二年(675年),调任武功(今陕西眉县)主簿。后又调任明堂(皇帝宣明政教场所)主簿。仪凤三年(678年),补长安主簿,入朝为侍御史。屡次上书言事,本欲展示学识,冀图重用;谁知那时高宗久病,政事一任皇后武则天处理,那时的宰相不但没有发现骆宾王的才能,反有人以"贪赃枉法"的罪名诬陷他,把他下了监狱。在狱中,骆宾王写了著名的五言律《在狱咏蝉》,全诗托物言志、风骨凝重。调露元年(679年)遇赦,贬为临海(今浙江临海)丞。从中央政府的侍御史,降为地方郡县的辅佐官,以骆宾王这样享有"初唐四杰"盛名的大才子,不能不说是怀才不遇、命途多舛!那年骆宾王40岁,正当年富力强,却因朝廷用事者有眼无珠、弃而不用,怏怏不得志,乃挂冠弃职而去,从此流落江湖。

唐高宗当政的时候,因为自家主见少,而皇后武则天脑子活、点子多,被高宗批准参决政事。而武氏确实具有政治才干,决策军政事务多得其当,高宗甚为赏识,竟让她同自己并肩上朝,坐在皇帝身边,一同听取大臣百官奏决事务,当时称为"二圣"。这样的局面持续了二三十年。后来高宗得了中风,脑子不好使,行动不方便,朝政大事基本上委托武氏独自决断,她的威望越来越高,势力越来越大。弘道元年

（683年），唐高宗病死，太子李显继位，是为唐中宗，年号嗣圣。高宗临死前，遗命大臣辅佐李显，并说允许武后参决朝政。这就给武则天篡位提供了机会。她先是垂帘听政，没过几个月，废李显为庐陵王，改立李旦为帝，是为唐睿宗，仍由自己垂帘听政，年号改为文明。这样没过多久，她又软禁李旦，叫他禅让，由自己临朝称制（代行皇帝职权），年号改为光宅。一年之内朝廷三易国主，三改年号，这都发生在公元684年。

眼看着武则天一天天将李唐天下篡为己有，有个名叫李敬业的大臣坐不住了。李敬业（？—684年），曹州离狐（今山东菏泽）人。父亲叫李震嗣，官至桂州刺史。祖父叫李勣，隋唐之际人，与李靖同为军事家，并列为替唐高祖打江山的两大功臣，靖封卫国公，勣封英国公。勣本姓徐，因他为建立李唐王朝多所贡献，赐国姓改名李勣。敬业少时跟随祖父征伐，有勇名。历任太仆少卿、眉州刺史，袭封英国公。中宗嗣圣元年（684年）被人告发贪赃，贬官柳州（今广西柳州）司马（州府里职掌军政的属官，位在别驾、长史之下）。事有凑巧，同时贬官降职的还有好几个人：给事中唐之奇被贬为括苍（今浙江丽水）县令，詹事府司直杜求仁被贬为黟县（今安徽黟县）令，骆宾王被贬为临海郡丞，敬业胞弟敬猷因事被免盩厔（今陕西周至）县令。大家不约而同来到扬州做客，因为仕途不顺，怏怏不乐。

武则天为了篡唐，一边大肆任用武家人做官，一边借各种罪名杀戮李唐宗族的人，连太子李贤也被她借名杀害了。天下人得知消息，心中都愤愤不平。敬业等人因仕途蹭蹬，正在气头上，认为可以假借民众情绪，起兵反武复李。于是，暗中与在朝廷做监察御史的朋友薛璋串通，要他设法让朝廷派他出使扬州。薛一到扬州，敬业就指使一个名叫韦超的雍州人，状告现任扬州长史陈敬之谋反，薛御史立即将陈收系在扬州府大牢。随后，敬业又假传圣旨，把陈长史杀了，并称自家官职已由柳州司马改任扬州司马。碰巧这时南方高州（今广东高州）发生少数民族酋长叛乱，敬业就谎称奉了皇帝密诏，要招兵买马赴粤平乱。于是，打开收藏兵器和财物的府库，令参军（州府武职）李宗臣释放在押囚犯和在役工匠，得数百人，皆授予兵器。一个名叫孙处行的录事参军不愿追随，被敬业斩首示众。

徐敬业立即就扬州官衙新开"匡复府"、"英公府"、"扬州大都督府"等三府。敬业自称匡复府上将，领扬州大都督。任命唐之奇为左长史，杜求仁为右长史，李宗臣为左司马，薛璋为右司马，骆宾王为艺文令，聘用前盩厔县尉魏思温为军师。骆宾王为起义大军起草了气壮山河的《为徐敬业讨武曌檄》，驰送远近州县。大家都知晓了武氏的过失和罪恶，都明白讨武大军的目标是恢复庐陵王的帝位。敬业又从民间找了一个长相类似太子李贤（年前死于巴州）的人，尊奉为君主，对外谎称"太子贤本来就没死"，借以号令天下。十天之间，有众10余万人。楚州（今江苏淮安）司马李崇福闻檄，率所部三县响应。

武则天在京城闻奏扬州起兵，连忙派左玉铃卫大将军李孝逸率兵30万人，浩浩荡荡，杀奔扬州而来。同时宣布三条："一是削除徐敬业祖父李勣官爵，平毁其墓园，从皇姓李氏册籍里剔除李勣；二是凡因胁迫参与叛乱的扬、楚二州人民，赦免其罪；三是悬赏购头，斩得徐敬业头者授官三品、赏帛五千，斩得唐之奇等人头者授官五品、赏帛三千。"

徐敬业问计于军师魏思温。思温献计说："英公既然以太后软禁天子的理由起兵，就应当亲率大军直趋东都洛阳。山东、韩、魏等地的豪杰，见您是为了勤王而用兵，归附的人必定很多。那样天下就指日可定了。"右司马陈璋反对说："魏军师的话不对。依我看，金陵濒临大江，王气尚在，形势可资固守，应当率军渡江，先打下常州、润州（今江苏镇江),据为霸基,然后挥师北上。这样进可攻,退可守,才是万全之策。"思温争辩说:"郑、汴、徐、亳四州,自古多豪杰之士。他们不满意武后居上,蒸麦为饭,以待我师。干吗只想着固守金陵,坐失良机,自蹈死地呢?"敬业不从。乃令敬猷领兵驻扎淮阴,韦超屯兵都梁山(在今江苏盱眙),自引兵击润州。润州刺史是敬业的叔父徐思文,敬业起兵时已先派人抄小路通知过他,可他却不愿追随自家侄儿领导的叛军,固守城池逾一月,才被敬业攻克。敬业任命左司马李宗臣为润州刺史,率军留守,然后回兵渡江驻扎高邮,谋划过湖渡淮,进击李孝逸统领的武氏大军。思温慨叹:"义军兵少,宜合忌分。今敬业不明晓倾其全军悉数渡淮,招引山东、河北豪杰,先袭东都洛阳。我料想他是不可能有所作为的啦!"

两军对峙决战于淮河与洪泽湖地区,互有胜负。武后调黑齿常之(黑齿,江南古国名)率江南兵驰援李孝逸,把原先屯驻在淮阴、都梁山的徐敬猷和韦超的部队都打败了。敬业的大军因为对阵时间长久,士兵疲惫,士气低落,后来连队列也排不整齐了。孝逸又利用天旱芦苇干燥,顺风放火,总攻敬业大营。于是敬业军营的阵脚大乱,士兵不受控制,兵败如山倒,被杀者七千余人。敬业、之奇、求仁、宾王等人策轻骑逃往江都,焚烧城中图籍后,随带妻子儿女,渡江来到润州,潜伏在蒜山下,打算乘船浮江入海,逃往高丽(今韩国)。船至海陵县界,遇逆风顶阻不得行,敬业等25人被部下杀死,传其首至东都洛阳。至此,徐敬业义军被武则天击灭。5年后,武则天由临朝称制改为正式称帝,国号改唐为周,年号天授。

敬业被杀时,骆宾王携敬业子徐绚趁乱逃离。他们顺流东下,一直来到长江尽头的天涯海角,隐身于东布洲的白水荡。州县追捕者求之不获,就胡乱地找了一个状貌酷似骆宾王的人,斩首纳函呈献朝廷,敷衍塞责完事。故史书记载,有说宾王被杀的,有说失踪无寻的,迄无定论。

风头一过,骆宾王把徐绚安顿好之后,便化装成传佛说经的和尚云游四方。后来有一天,身为考功员外郎的宋之问(656—713年)犯了过错,被贬官到江南,游于杭州灵隐寺,月夜在长廊里行吟作诗,得诗句而对仗欠工整不甚如意。正值有老僧在大禅林打坐,点着长命灯,见状问道:"少年夜不寐,苦吟何为?"宋告以故。僧命吟上联,自代接下联,兼续终篇。宋讶其遒丽,居一篇警策。第二天一大早再访老僧,却再也找不到了。询问寺僧,有认识的人告诉他:"那人就是大名鼎鼎的诗人骆宾王啊!"

再后来,骆宾王老了,到了叶落归根的年纪。他没有选择回归祖籍义乌,因为通缉他的海捕文书并未明令废除,而是回到掩护了他余生的东布洲,死在徐敬业儿子徐绚的身边。徐绚把救命恩人的遗体运到胡逗洲,找了一处东南朝海的山坡地掩埋了,让恩人隔着大海,可以遥望有家难归的义乌故乡。

骆宾王死后不久,武则天也老了。李氏后人在朝廷里发动政变,把81岁的武则天赶下台,唐中宗复辟。有诏恢复敬业祖父徐勣的官爵坟墓,赐复国姓,仍名李勣。徐绚也被征召赴京,赐复李姓,他在京城住不惯,不久就回归白水荡,仍称李绚,世代定居东布洲。今日江苏海门的李姓都是他的后裔。

明朝正德九年(1514年),通州人曹某凿靛池于城东黄泥口,忽而掘得古塚题石,上面有字写着"骆宾王之墓"。启棺见一人,衣冠如新,少顷即灭。很是惊讶,随即用泥土把棺材覆盖住,而取其石回家。过了几天,总觉得邻居好像知晓了他的秘密,要到官府去举报他,出于恐惧,就把弄到家里的那块碑石打坏了。这事记在明朝万历年间编的《通州志》里。

由此证之,骆宾王确曾遁迹于南通州的海滨。及其殁,通之人怜其才,故厚葬之,唯其墓石今日已不可复睹。新中国成立后,南通市人民政府重视文物保护,特地在狼山脚东南坡专辟墓地一区,将唐代的骆宾王、宋代的金应、清代的刘南庐等历史名人,朋葬于一处,裁石立阙,砌墓竖碑,让他们背山面江,长存浩气,永励后人。墓门两侧石柱镌刻楹联曰:

笔传青史一檄千秋著;碑掘黄泥五山片壤栖。

骆宾王在初唐四杰中年龄最长,作品最多,成就最大。他写的骈文名作《讨武曌檄》,先数武氏之罪,继述兴师之故,接写兵威之盛,终励共事之人,而以"试看今日之域中,竟是谁家之天下"结束全文,雄文劲采,义雅词丽,天下传扬。史载其文传到京城,武后逐句读看,嬉笑不语;直至看到"一抔之土未干,六尺之孤安在",矍然问:"这篇文章是谁写的?"有人告以"骆宾王",后感惜而叹:"宰相因何失如此之人?"

从古到今,人们都说:"得人才者得天下。"所以,唐太宗看到新科进士缀行而出,喜曰:"天下英雄,入吾彀中矣!"以故广揽人才、才尽其用、野无遗贤,骆宾王以大才无用而心生异志,个中道理发人深省。不过话又说回来:如果宰相尽职揽才,骆宾王才尽其用,南通人还怎么能沾光得到他的源源才气呢?

坐落在狼山南麓的骆宾王墓

第五琦初兴"吴盐"

隋及唐初140年间,中国盐业处在自由生产、自由运销、无官管、无专税时代。那时今天南通地域的北半部是大陆,因为煮盐有利,临海滩涂凡能被利用来煮盐的地方,都被居民开发出来生产食盐了。而南通地域的南半部还是大海,海中有胡逗洲、南布洲、东布洲等沙洲群。在这些大沙洲上,有许多从外地流亡,或者犯罪被官府流放的人们,来到这里居住。他们除了打鱼和种植以外,主要的生计来源就是煮海水为盐。这样,唐代前期南通地区盐业生产的规模在南北朝的基础上有了长足发展。经过东晋到南北朝200多年的摸索,隋唐时期淮南"刺土产盐"的技术已经相当成熟。人们把海滩上一处一处平整出来、用于制卤产盐的地方,习惯上称为"亭场"。以致到了元代大学问家马端临纂著《文献通考》,在解释南通州的来历时,形象地写道:"通州本唐盐亭场。"

到了唐朝第七代皇帝李隆基当政的开元年间,政通人和、国泰民安,管理机构庞大,各项开支增多,朝廷府库里原来积蓄的钱就不够用了。有个做"左拾遗"官儿的人叫刘彤,他的职责是帮皇帝出主意。他写了一封《论盐铁表》,上奏给皇帝。他说:

我听说汉武帝时，马厩里有30万匹战马，后宫里有好几千美女，京城大搞建筑，对外讨伐异族，花费的钱是今天的一百倍。奇怪的是：那时尽管花钱多而财力仍有多余，可是今天花钱少而财力仍然紧缺，原因在哪里呢？难道不是因为古人善于向山海索取资源，今天一味向贫苦农民征税造成的吗？向山海索取，朝廷获得的多，农民税负轻，大家乐意务农；而刻薄农民，国家得到的又少，农民负担重，大家逃离农业。您看：现在那些煮海为盐、开矿铸钱、伐木造房子的人，都是些财力富余的人；而那些寒而无衣、饥而无食、靠帮人佣工活命度日的人，都是些穷苦百姓。假如能学习汉武帝的做法，把山海厚利收归国有，把被富余之人占据的利益夺归国家，同时减轻天下赋税、免除穷民负担，所谓"损有余而帮不足"，帝王之道本来不就该是这样子的吗？

玄宗览奏，觉得改变祖宗以来的盐业政策，恢复征收盐税，可不是件小事儿，就把他的奏表抄发给群臣讨论。大家一议，绝大多数人认为盐铁厚利对增加国家财政收入最为管用。也有不赞成的，意见不统一，加之财政上还过得去，这事就被搁置下来。直到9年之后的开元十年（722年），才正式下诏，要求全国各州县，依照朝廷规定的条例，由州县佐贰官一人负责，恢复对食盐征收盐税。那时南通地区隶属海陵县，海陵县对各处的产盐场所派驻税务官吏，应当就是在这个时候。

唐玄宗的时代，年号开元、天宝，前后40多年，在初唐历代帝王积蓄国力的基础上，革除前朝弊政，保持政治清明、社会安定，兴修水利、发展农业，经济繁荣、百业兴旺，丝绸之路畅通，海上航行发达，户口较唐初增长4倍，综合国力达到强盛的顶点，史家美称其为"盛唐"，是当时整个亚洲经济文化交流的中心。但是宫廷奢侈、官吏贪渎，豪强兼并弱者，平民日益贫困，已经隐伏着严重的矛盾和危机。果然,天宝十四载(755年),以安禄山、史思明为首的叛乱爆发,唐王朝的经济社会发展迎来了盛极而衰的转折点。

其时从唐朝建立以来,社会承平百余年,人民皆不知战争为何物。官吏养尊处优,压根儿没想到会有战乱。府兵制度早已破坏,除了北方藩镇掌握重兵外,中原地区守备空虚。看到朝廷传递的紧急敌情通报,面对起兵参与平叛的圣旨,一时不知如何是好。州县长官打开兵器库,发现铠甲都已穿朽,兵器早已钝折。受征召而集结起来的新兵,只能手拿木梃参与战斗,哪里是蓄谋已久、准备充分、训练有素的叛军的对手?负有守土之责的州县官吏,这下子乱了套:有的弃城躲藏,有的绝望自杀,有的束手就擒。天宝十五载(756年),叛军先是攻取东京洛阳,继而攻破潼关,杀入西京长安。唐玄宗率领文武百官,仓皇向西逃往四川成都。行至马嵬坡(今陕西兴平),杨贵妃被随行禁军缢死,当宰相的哥哥杨国忠被杀,州县父老遮道请愿,要求留下太子治兵讨贼,玄宗点头许诺。不久,皇太子在灵武郡(今宁夏灵武)即皇帝位,这就是唐肃宗。以灵武一带为根据地,唐肃宗惨淡经营,图谋恢复唐朝天下。

当时对于中央政权,压倒一切的中心任务是要打赢平定安史之乱的国内战争。在冷兵器时代,打仗既是军人之间武功与战法的斗争,也是财力与物力的较量。所谓"兵马未动,粮草先行",就是说"打仗也是在打钱"。钱从何来呢?中原与两京都已遭受叛军烧杀抢掠,人口骤减,经济残破,府库空虚。朝廷所能依赖的,只有江淮地区与东南半壁江山,那里尚未遭受战争的破坏。

有一个27岁的京兆府长安人,复姓第五,单名一个琦字。他从少年时代就向往做官,擅长谈论富国强民之术,只因找错了靠山,仕途并不顺利。安史之乱时,他的职务是北海郡的录事参军,官阶很低。唐肃宗驻扎在彭原郡(今甘肃宁县）的时候，恰好北海郡太守派第五琦前往那里代他向皇帝奏事。逮住机会，他就对肃宗说："当今最紧急的要务是军事。军队的强弱取决于财物。而财物的出处以江淮为渊薮。假如朝廷能借给我一个职务，我就能把东南地区的宝货全部集中起来，迅速运达两京地区，源源不断地补充我方军饷。就等陛下您一句话儿。"

肃宗正在为扩充平叛军队的事情犯愁，听到第五琦奏议，非常高兴。当即任命他为监察御史、勾当江淮租庸使，迁司虞员外郎、河南等五道支度使，再迁司金郎中，兼侍御史、诸道盐铁铸钱使。盐铁使的名称，最早就是从第五琦开始的。升度支郎中，兼御史中丞。时当戎马倥偬、军情紧迫，只要是军务需要的财物，他都能随即赶办妥当，人民没有增加税负，而军费开支宽裕。于是迁户部侍郎、判度支，河南等道度支、转运、租庸、盐铁、铸钱、司农、太府出纳及山南东西、江西、淮南馆驿等使。乾元二年（759年），进同中书门下平章事，这是当时宰相的别名儿。换句话说，他凭借自己善于理财的能耐，成就了少年时的梦想，做了一人之下、万人之上的官儿。

第五琦是怎样从江淮地区筹集到如此庞大的军费开支，做到"人不益赋而用以饶"的呢？钱不会从天上掉下来，他的思路是变革盐法，起用汉武帝先行先试的老门儿，实行食盐官营体制和相应的配套政策。据《新唐书·食货志》，他的具体办法是这样的："乾元元年，盐铁铸钱使第五琦初变盐法，就山海井灶近利之地置监、院，游民业盐者为亭户，免杂徭，盗煮者论以法。"

就是说，把所有适宜于生产食盐的地方收归国有，在那里设置管理、监督盐务的官府机构，中层的叫"盐监"，高层的叫"榷盐院"，而总属于盐铁使。对凡是脱离农业的游民，或者不愿从事其他行业，而愿意从事煮盐的人们，登记造册,编为特殊的专门从事盐业生产的户籍,由中央盐铁使专属管理,其田园房屋虽在州县地盘上,但是他们从事的盐业产销活动,州县官吏不得干涉。州县承担的各种徭役,也不许分派盐户分担,好让他们专心致志地从事制盐生产。规定盐户煮盐,必须在盐务官员监督之下,公开正当地进行,所产的盐货必须全部交由盐务机关统一收购,然后由盐铁使组织的船队或车队,把盐货运交各地方官府,再由地方官府置店卖盐收钱。盐户不许私下里煮盐,也不得把盐货卖给商贩,否则依照法律论罪究责。

煮卤成盐(原载《拼茶史料》)

盐铁使第五琦在江淮煮盐,十分重视质量管理,要求盐色必须精白纯净,粒度必须细如霜雪,并为这里的盐取了特殊的名字——"吴盐"。因为江淮地区在春秋时期曾是吴国的地盘(政治中心今为苏州),西汉初年又是吴王刘濞的封国(政治中心在扬州)。唐代商品经济已经相当发达,但还没有市场经济时代才有的"品牌"观念,那时为好东西起个好名字,一来可与其他盐种相区别,二来也便于扩大影响,促进销售。果然,全国都知晓江淮地区出产精品"吴盐",有钱人家设宴置酒,款待宾客,往往准备一碟子"吴盐",作为高等佐料,放在餐桌上,由客人自由取用,以显示主尊宾贵。大诗人李白(701—762年)在《梁园吟》中说到这一时尚风俗:"玉盘杨梅为君设,吴盐如花皎白雪;持盐把酒但饮之,莫学夷齐事高洁。"商人赶时髦,一直把"吴盐"运进了巴蜀。巴蜀从汉代起就生产井盐,先是凿井取卤,然后用山草、煤炭或天然气煮卤成盐。虽然同是火煎细盐,但一则出于井卤,一则出于海水,井盐是太古的产物,海盐则是当时的产物,味道不尽相同,而海盐鲜美更胜一筹,所以商人乐意沟通有无,往来贸易。大诗人杜甫(712—770年)在他的《夔州歌十绝句》中说到这事儿,道是"蜀麻吴盐自古通,万斛之舟行若风"。"吴盐"的美名,从李白、杜甫的时代一直传到北宋晚年大词人周邦彦(1056—1121年)的时代,至少风行了350年。为了回忆少年时代与一位美丽姑娘的艳遇,周邦彦在《少年游·感旧》词里写道:"并刀如水,吴盐胜雪,纤指破新橙。"妙龄少女用纤纤玉指,拿着山西并州出的宝刀,为心仪的男人切削鲜甜的香橙,然后蘸着洁白如雪的吴盐,送到他的嘴边上,让他品尝鲜果的情景,使其直到晚年还念念不忘。

天宝、至德年间(742—757年),盐价低贱,每一斗(5斤)只卖10枚铜板,一斤盐只值2文钱。第五琦担任中央盐铁使之后,将天下食盐全部纳入管榷范围,每斗加时价百钱而出之,售价110文,每斤盐的售价由2文一下子涨到22文。由此产生巨额盈利,再用这些巨额的现钱,购买当地盛产的特色产品,转化为军事上用得着的各种物资,转运到皇帝的行在或平叛的战场。那时以河南、河北、山东、山西、陕西为中心的北方和中原地区,是中央政权和叛军反复拉锯争夺的战场,运道阻塞不通畅。第五琦就将江淮地区筹集到的大批军用物资,装载入船,由长江溯流而上,在武汉转入汉水，再溯汉水北上，运送到西北或中原地区，源源不断地支撑着为平定安史之乱而进行的长达七年的战争，使前线将士及时得到物资补充，几次衰而复振，败而复兴，直到中央政权基本恢复对于全国版图的有效统治。

第五琦是中国历史上仅次于刘晏的著名理财家。他的历史贡献在于：在中断700多年之后，恢复了汉武帝曾经实行的食盐官营政策，建立了全面而自成系统的食盐行政管理体制，使中央政府牢牢掌握巩固中央集权所必需的财力。他建立的盐籍制度，使盐业生产获得了稳定而优质的劳动力，有利于推动盐业生产发展繁荣。江淮盐业行政管理体制的建立健全，催生了掘港亭（今如东县城）、西亭（今通州区中心集镇）等一批盐业集镇的产生，南通地区由此融入国家经济体系，从而进入文明发展新时期。在他以前，盐业生产处在自生自灭的无组织状态。从他开始，盐业生产进入全国集中统一管理时代，有利于保障生产的质量和扩大生产的规模。

以安史之乱的平定为标志，中国的政治重心虽然仍在北方，但经济重心已经逐步转移到物产资源丰饶的南方。

刘晏"神盐"救长安

刘晏是中国古代最伟大的理财家。在治盐上,他科学地扬弃前人的成功经验,从理论与实践的结合上,刷新了盐行业的管理和监督,健全了系统而高效的盐务管理体制,实施了一整套盐业管理措施,使官无虚置,事无虚设,利无遗入。对当时的中央财政补益至大,保障了唐王朝经济由安史之乱后的低谷,衰而复振,走向"中兴",而影响于后代的盐务管理甚为深远。

刘晏是曹州(今山东菏泽)南华人。幼而颖异,在乡里有"神童"之号。有一年,唐玄宗率领文武百官,到泰山去举行祭告天地的封禅大典。晏时年8岁,写了一篇《颂》,来到皇帝临时驻扎的行在,呈献给皇帝。颂作为一种文体,要求文辞典雅清铄,既要像写赋那样铺叙,又要像写铭一样敬慎,所以不容易写得好。帝览其颂,龙颜愉悦,奇其年幼,即命宰相张说对他进行现场考试。谁知刘晏确有真才实学,面试时临阵不乱,思维敏捷,应答如流。宰相禀告皇帝,说这孩子正是古书上所说的"国瑞",出现这样的杰出人才,是国家承平吉祥的征兆。玄宗大喜,当即任命刘晏做官,官名是"太子正字",职责是伴读太子,校对典籍,刊正文章。晏由此踏入仕途。后调夏县(今山西夏县)令,转温县(今河南温县）令，所在有惠政。升度支郎中，兼侍御史，领江淮租庸事；转彭原（今甘肃宁县）太守，徙陇州（今陕西陇县）、华州（今陕西华县）刺史，迁河南尹。府治时为安史叛军所占，晏避地治事。进户部侍郎，兼御史中丞、度支铸钱盐铁等使，又兼京兆尹。所在总揽大体，无苛政，号称职。因被人打小报告说他泄漏禁中机密，贬为通州（今四川达川）刺史。中央和地方多种职位的阅历锻炼，为刘晏后来在中央财政职位上施展才能，准备了资历和条件。

公元762年，唐代宗刘豫继位，起复刘晏担任京兆尹、户部侍郎，领度支、盐铁、转运、铸钱、租庸使。不久，拜吏部尚书，同中书门下平章事（宰相），兼使如故。因事罢相，改御史大夫，领东都、河南、江淮转运、租庸、盐铁、常平使。他在这个职位上一待将近20年，为唐代中央财政的筹措和王朝政权的恢复巩固，发挥了关键作用，做出了重要贡献。

时当大兵过后，关中地区人口锐减，田园荒芜，经济残破，物资极端匮乏。京城长安市场上，每斗米（5斤）的售价卖到了一千枚铜钱，还往往有价无市。连皇家的禁膳也是吃了上顿愁下顿，只能管有，不能管饱，更别谈山珍海味了。京郊地区的农民，为了使朝廷大臣不致饿死，在地里的麦穗还没有黄熟的时候，就得掐下青色的麦粒（当今的"冷钉"由此而来），运送到京城疗饥救急。

肩负中央财政筹措职责的刘晏，深感自己责任重大。他冷静地分析形势，理清了明晰的救荒思路。他知道：战争破坏了中国北方经济，但是江淮和整个江南地区半壁江山完好无损，那里的农田连年丰收，粮食和物资堆积如山，只因河道不通，远水解不了近渴。解决问题的关键，要从疏通运道入手。

早在隋代，水利家宇文恺（555—612年）为了炀帝巡游江南，开凿了通济渠，西起洛阳，贯通洛水、黄河、汴水、淮河，东迄盱眙，南达长江；又疏浚了漕渠，沟通渭水与黄河。

初唐至盛唐，这两条水路都很畅通：东南粮米由扬州入斗门，渡淮入汴，至河口，溯河入洛，达于东都洛阳。为适应运河水势季节变化，于沿途水道节点置仓屯粮：河口置武牢仓，巩县置洛口仓；西向长安，沿黄河、渭水，置河阴仓、柏崖仓、永丰仓、渭南仓，达于西京。因地制宜，节级取便，水通则随近运转，不通则且贮在仓，不滞远船，不忧久耗。因江南人不习河水，故江南船到达河口，即令折回本州，不入洛水与漕渠。又于黄河三门峡天险东西置仓，东为集津仓，西为盐仓。只因安史战乱七年，中原地区百户无一存，人民伤于战争，"居无尺椽，爨无盛烟，兽游鬼哭"，以致水利荒废，河道久淤，水路漕运系统陷于瘫痪。

于是，刘晏亲自出马，实地巡视、踏勘隋唐以来沟通京师与东南地区的运河故道。他从京师出发，由汉入江，由江入淮，浮淮水、泗水，达于汴水，入于黄河；右循砥柱山、硖石（今属河南孟津），观三门峡遗迹；至河阴（今属河南荥阳）、巩县（今河南巩义）、洛口，查看宇文恺的梁公堰，——该堰分黄河水入通济渠；最后察看了李杰新堤。这次迂回几千里的实地踏勘，使刘晏对修复河道水利，恢复漕运系统，所要经过的工程路线，将会取得的四大利益，可能面对的四大困难，都做到成竹在胸，了如指掌。

经皇帝批准、宰相支持，漕运的事情授权刘晏全权负责，几无掣肘，使他得以尽展其才，全面恢复了盛唐时期的漕运系统。当漕运江南年度粮食的船队到达渭南仓时，唐代宗大喜，特命宫廷卫士以鼓吹乐队，到东渭桥下迎接，又加派使节赶到现场慰问劳苦。代宗深情地说："刘晏哪，你就是朕的酂侯啊！"酂侯是西汉丞相萧何的封号。楚汉相争时，萧何源源不断输送兵员和粮草接济前线的刘邦，使刘邦屡战屡败而得复振，终于打败劲敌项羽，开创汉朝天下，他也论功受封酂侯。

首次运粮成功后，刘晏逐步完善了漕运体制，以盐利为漕运的佣金，施行"分段转运法"，健全正常运转机制。从此，年运江淮粮食40万斛到达长安。由于粮食储备充足，京城所在的关中地区，即使遇到水旱荒年，物价也很稳定。

畅通了水路运道，为大力发展江淮盐业产销，提供了必要条件。继第五琦之后，刘晏在革新东南地区盐业体制和经营机制方面，在理论和实践上多有建树，成效卓著。

刘晏看到，自从安史之乱以来，农业人口减少，农业劳动力当兵或逃离，导致农田荒芜，田赋（农业税）的征收额度不能满足国家军政活动的正常耗费。巨额的缺项需要有所填补，必须开辟稳定的税源。这个税源只有食盐。他认定一条原理："因民所急而税之，则国足用。"盐是人民日常生活无可替代的必需品，对盐征税，寓税于价，则普天下凡是吃盐的人，都在买盐而食的过程中不知不觉、心甘情愿地向国家贡献了盐税。由刘晏认知并揭示的这一条原理，成为唐以后千百年间国家踵行食盐专营政策的理论基础。

刘晏知道，官吏的品德作风并不整齐划一，有的人素质很差。因此，国家的盐务机关不能少设，少设了管不到位；也不能多设，过多设置盐务机关，官冗伤财，不仅增加开支，还会对地方百姓造成骚扰。关键要掌握适中，做到事有人管就行。他在接手原由第五琦创始的江淮、东南等地区盐务之后，对原设的盐务机关重新洗牌，适当精简，只在真正盛产食盐的产区，保留盐监，配置盐务官员，并将所辖业盐亭户重新登记造册，分隶盐监监督管理。在他担任盐铁使期间，江淮和东南地区有著名的"四场十监"：四场是涟水、湖州、越州、杭州场；十监是嘉兴、海陵、盐城、新亭、临平、兰亭、永嘉、大昌、侯官、富都监。这些盐官机构，除少量设在四川井盐产区外，绝大多数设在海盐产区，尤以淮浙海盐区为多。它们的职能是收榷盐户所产的全部盐货。

刘晏知道，取消市场机制后，官府自己卖盐收钱，由于官僚痼习作祟，买卖双方不可能平等交换，强卖虐民事在必有，这种体制只可在战争期间短暂救急，不得已而为之，不能作为长久持恒的常态。于是，他给代宗上了奏章，改革第五琦创始的榷盐法，将商人纳入盐业体制，恢复市场机制，把原来官收盐斤后的官员自卖，改为将所收盐斤加入榷价（盐税）之后，批发给商人，由商人自由贩运，零售给城乡居民。这样一来，商人有利可图，调动了商人的积极性，且商人录入盐籍，直属盐铁使，成为特殊人户，保证盐斤收得进，卖得出，使现行盐法可以周而复始，长久运转。官府转嫁了卖盐职责，既避免了运销过程中必然会发生的利益蚀耗，也预防了强卖扰民。商人唯利是图，在改进销售上动足脑筋，人民可以以货易盐，对保障人民方便购盐也有好处。

刘晏知道，国家和人民刚刚经历了战争灾难，经济残破，百业待兴，急需用钱，而人民的承受能力有限，掌握好盐价的适度涨幅至关紧要，应以人民能够承受为准则。他给代宗上了论述《盐法轻重之宜》的奏折，得到皇帝批准。所谓"轻重之宜"，就是说兼顾国家和人民双方，力求两得其平。盐价低了，有益于百姓而国家收入不足；盐价高了，国家收入增加而百姓负担不起。只有居间持衡，各得其所而又相安无事，才是盐价管理的理想境界。

刘晏知道，制盐生产是食盐运销的前提和基础。他通过视察亭户，了解到制卤煮盐与气象条件有着密切的联系。盐户告诉他："当天气连续阴雨时，或内地洪水排向大海时，这时的海滩亭场咸度低，制不到卤水；勉强制出来的卤，也达不到有效煎盐的咸度。相反，要是天气连续干旱，就可以全面大力地开展晒泥淋卤，这时制出来的卤咸度高，煮卤成盐时出盐多，既省草，又省工，又省时。"于是，他总结出"盐生霖潦则卤薄，暵旱则土溜坟"的制盐生产指导原则，要求各级盐监官吏密切关注气象变化，随时发布生产指令，并派出盐务官吏到各个亭场现场讲解督促，面对面进行技术指导。比起鼓励和指导农民进行农业生产的农官来，盐务官吏在鼓励、引导盐民进行盐业生产方面，更要加倍用心。

刘晏知道，盐由国家专营之后，因为产盐成本与食盐零售价之间的巨大差额，必然诱使不法奸民铤而走险，犯法走私，牟取暴利。他采取的针对性措施是，从淮北地区开始，在整个东南地区设置巡盐察院13所。它们分别驻扎在：扬州、陈许、汴州、庐寿、白沙、淮西、甬桥、浙西、宋州、泗州、岭南、兖郓、郑滑。其监控范围及于当今的苏北、皖北、苏南、豫东，以及河南、浙江、广东、山东、河北等省的广大食盐产销区。这些巡缉机构一般都分布在食盐车船运行的关键节点，或重要交通孔道上。它们的任务是巡查过往商贩与货物，缉捕贩卖私盐的不法商贩。与此同时，他还请得皇上圣旨，在盐船经过州县船闸时，禁止地方官吏征收"雁过拔毛"的通过税，或守卫坝闸的官吏索取买路钱。这样一来，出现了"奸盗为之衰息"、官盐畅通无阻的良好局面。

刘晏知道，商人的本性是将本求利，蚀本的买卖是不会做的。例如，远乡僻壤的居民，因为地理偏僻，道路难行，食盐消费量不大，商人未必愿意翻山越岭，去跑这些没有多少油水的小买卖，那里的人民就难免有淡食之忧。对此，他想出了以丰补歉、积有余补不足的法子，建立了均衡销售机制。在吴（今苏南）、越（今浙西）、扬（今扬州）、楚（今淮安）地区，选择交通便捷、分销便利的地方，建筑露天加上芦席苫盖的大盐廪几千座，积盐在仓2万余石，以备战争、饥荒等不时之急需。在远离海盐产区，而又交通不便的江西、湖南等偏僻山区，建筑备荒盐仓，谓之"常平盐"。史家盛赞"常平盐"的好处，说是"每商人不至，则减价以粜民，官收厚利，而人不知贵"。

刘晏非常重视市场物价信息的及时采集和迅速传递处理。在诸道巡盐察院，他都安排、招募腿脚灵便的骑士，相隔一定距离，分置驿站，配备快马，遇有急信，千百里接力速递。每当四面八方物价有升降异动，或有其他利害信息，即使距离长安非常遥远，也用不了几天，就会报告到刘晏那里，以便他在第一时间拿出应对方案，禀报皇上，及时处置。

刘晏最重视、最上心的事情，还是建立一支能办事、办成事的士人队伍。当他初任中央租庸使时，为了分别配置各道租庸使，颇费了一番功夫。当时朝廷经费紧张，冻结天下任官名额，呈请皇帝特批，独有租庸系统可以补授官员。他从朝廷台阁官员中慎重挑选，积数百人，皆一时新进锐敏之士，每个人都是当时品学兼优、选中选优的人才。正是依靠他们发挥聪明才智，催促督办盐铁商务，打开了全国财经工作局面。偶尔，有背景的权贵介绍亲故到租庸系统工作，刘晏碍于情面不好推辞，他就让那人享受很高的俸禄，但是不给他接触实际事务，怕办事掣肘。部属看到他这样用心地营造工作环境，于是人人卖力，个个尽职。刘晏对士与吏的分界看得很清楚："士有爵禄，则名重于利；吏无荣进，则利重于名。"所以检核出纳，一委士人，吏唯奉行文书而已。凡是他的部属，都非常注重自己的名节，即使远离几千里，奉行他的教令，就跟在他眼前一个样，说得夸张一点，连生了病呻吟一声，或者相互之间开了一句玩笑，如果他问起来，都不会隐瞒他。训练属下达到这样的忠诚度，只有刘晏一人能办到。

正因为锻造了这样一支可以依赖的士人集体，刘晏真正建成了一个拉得出打得响的、集权高效的办事机构。两京地区原为河东解州盐池传统销区，一直吃的是大粒颗盐。有一年，解州盐池因灾大减产，盐一度供不应求，京城长安市面上的盐价一个劲儿地飙升，老百姓人心惶惶，担心要闹盐荒，无论官员平民，纷纷抢购食盐，囤积居奇。这样一来，盐价就更贵啦！皇帝一看，这样不行，就下达圣旨，要刘晏想想办法，能否从江淮地区赶运用柴草煎制的海水淮盐，来接济关中地区的食盐市场。原以为像往常漕运江南粮米的惯例，最快也需要三个月。谁知刘晏一声令下，盐务系统紧急行动，漕运系统特事特办，仅仅用了40天，就把30000斛淮盐从扬州盐仓运到了长安京城。当人们看到络绎不绝的船队，满载精细雪白的淮盐接济首都销市，既感动，又惊奇，纷纷感叹说："刘晏办事之快，有如变戏法儿，真是神人哪！"

刘晏不仅对部属要求高，律己尤其严格，处处以身作则。每天天刚亮，他就起床处理公务，直到半夜为止，就连朝廷规定的每旬一次休息洗澡日，也照常办理公务。无论大事小事，当天处理完毕不过宿。每当上朝议事，在骑马上朝的路上，就用马鞭子计算筹划。说白了，他脑子里成天盘算的，就是中央和全国的财政收支。人们称赞他当职期间"能权衡万货重轻，使天下无甚贵甚贱"。他自己说，由于用心专注，"如见钱流地上"，钱从哪里来，流向哪里去，来龙去脉，他心里一清二楚。

刘晏任职期间，大凡四方有名士来拜访的，他都招待得无微不至，让人家有求而来，满意而去。但他在办事过程中却得罪过一个人。这人在刘晏任吏部尚书时做侍郎，为人气盛，副职不尊重正职。后来，刘晏受诏命查处宰相元载的案子，结果元载伏法，这人作为元载的亲信，牵连贬官，当时怀恨在心。这人名叫杨炎。俗话说："三十年河东，三十年河西。"到了代宗的儿子德宗继位时，杨炎受命为宰相。他认为报仇的机会到了，就把多少年前的一个谣言拿出来说事，说是刘晏当年曾经参与动摇过德宗太子地位的阴谋活动。德宗一时糊涂，信以为真，就下诏把刘晏杀了。同时查抄他的家产，结果只抄得杂书两车、米麦数斛，人服其廉，天下骇惋。

刘晏是中国历史上少有的治盐理财的天才。人们称赞他的理财才干,当代罕有其匹,可以与春秋时期的管仲和西汉初期的萧何相媲美。他初任中央盐铁使的广德二年(764年),全国一年度财政收入的铜钱才40万缗,而到他罢职前的大历末年(779年)增加到600余万缗,15年间增长14倍!《新唐书·食货志》称道:"天下之赋,盐利居半,宫闱、服御、军饷、百官禄俸皆仰给焉。"盐业在国家财政中居于"半壁江山"的地位,自刘晏造就以后,历代追踪,直到清末。

刘晏变通第五琦盐法而创立的"就场专卖制",具有开创性、系统性、规范性、示范性意义,标志着中国古代盐政制度的成熟。它的基本精神被唐以后历代理财家所继承。唐以后历代中央政府的盐政制度,都以刘晏为楷模,大抵只是在刘晏旧制的基础上,根据本朝的具体情势,加以因革损益或适当变通而已。《旧唐书·食货志》说得好:"凡所制置,皆自晏始。"

历史是公正的:不仅中国食盐专卖制度的巩固地位自刘晏为始,而且盐铁转运使长驻扬州,促进了扬州作为淮盐运销中心的繁荣,淮盐持续长达1200余年的兴旺发达,也自第五琦、刘晏为始。

两淮盐务中心扬州

海陵监天下翘楚

关于江淮地区制盐生产的历史源头,历代学者一直在不倦探索。据《宋史·河渠志》说:"汉吴王濞开邗沟通运海陵。"明代的《嘉靖惟扬志》说得更明确:"吴王濞开邗沟自扬州茱萸湾通海陵仓及如皋蟠溪,此运盐河之始。"这段话被清代修撰《江南通志》的人引用。而嘉庆《两淮盐法志》引用时,则加添一句:"是为淮浙盐见于史籍之始。"这是前人关于江淮盐创始期的公论,大家视为共识。当然,这里的邗沟,是指东西向、专为运盐穿凿的河,古称运盐河,今名通扬运河;与春秋时吴王夫差为了北上与中原列国争霸而开凿的、后来成为京杭大运河组成部分的南北向邗沟,不相混淆。只因汉唐人习惯上把人工开凿的运河称为掘沟,两条运河都从邗江出发,一向北,一向东,因而俗人就随口统称"邗沟"。

那么,在吴王刘濞之前,江淮人民吃的盐是从哪里来的呢?有人从汉代司马迁《史记·货殖列传》里看到了这样的话:"吴自阖闾、春申、王濞三人,招致天下之喜游子弟,东有海盐之饶,章山之铜,三江五湖之利,亦江东一都会也。"吴地"东有海盐之饶"的资源优势,亘古及汉,并无变化。据此推溯:自从远古炎帝时居住在山东的部落夙沙氏发明煮海水为盐，延续到春秋时管仲在齐国煮海为盐、卖盐富国，盐业成为富国强兵的经济支柱以来，煮盐技术通过人类之间各种交往，逐渐从山东半岛流传到江淮沿海，使江淮一带先民也逐步模仿了煮盐工具的制造，并且学会了煮海水为盐的方法。学者们还发现，在《管子》中谈论齐盐外销的篇章里，说到"修河济之流，南输梁、赵、宋、卫、濮阳"。这里并没有把吴、楚列入齐盐销区范围。看来吴、楚地区，也就是江淮一带，居民的食盐已经自给自足了。到了西汉初年，刘濞为了富国强兵，有意识地开拓，有组织地推动，大力发展煮盐产业，并且用官府的力量打开外销渠道，使盐产数量和销售利益都上了相当的规模，这时的江淮已成为东南盐产的重要基地。所以史家把吴王刘濞视为江淮盐的鼻祖，并没有说错。

南通地区南部成陆较晚，北部地区成陆较早。在行政领属关系上，五代末以前，整个南通地区版图都隶属于扬州（广陵郡）的海陵县。海陵的得名，系因其地傍海而高。它所管辖的江海平原，南畔长江，东濒大海，滩涂广袤，芦苇繁阜，特别适宜于发展煮盐产业。早在西汉初期，吴王刘濞就在海陵建筑了巨大的储盐仓廪，用于积贮如皋蟠溪地区生产的大量海盐。海陵仓的贮量之多，远近闻名，以至于辞赋家枚乘在他的作品里有这样的形容：

　　转粟西乡，陆行不绝，水行满河，不如海陵之仓。（《汉书·枚乘传》）

西汉末年，王莽篡汉，尽改天下郡县名称，海陵被改名"亭间"，意为"亭场之间"；一称"亭门"，意为"亭场之门"，因为这里"门四望皆醝卤亭煎"。

南北朝时期，侨驻在扬州的"南兖州"，所辖的海陵、盐城地区，盐业生产星罗棋布，遍地开花。时人阮升在《南兖州记》中描述：

　　南兖州有盐亭百二十三所。县人以渔盐为业，略不耕种，擅利巨海，用致饶沃。公私商运，充实四远；舳舻往来，恒以千计。吴王所以富国强兵，而抗汉室矣。

辞赋家郭璞在专为描写山西盐池而写的《盐池赋》里，也没忘了在赋前的序言里，特地提及江淮盐业："吴郡沿海之滨有盐田，相望皆赤卤。"

亭场本来是盐民们在海滩上整治出来的一块块平地，用于削泥晒灰，淋灰取卤，煎卤成盐。到了唐朝，亭与场之间逐渐有了分别：亭用来表示基层生产组织，场用来表示管理生产的机构。到了中唐第五琦、刘晏推行"榷盐法"的时候，全面打造国家的盐业管理体制，产区里大的管理机构叫"监"，次的叫"场"，基层的叫"亭"（南通地区有掘港亭、西亭）。东南地区共有"四场十监"。在淮南沿海，南有海陵监（驻海陵，今泰州），北有盐城监（驻盐城）。时人说到以产盐著称的州县时这样说："天下有盐之县一百五，淮南海陵、盐城县二。"

那时在东南地区有些名气的是两个大监：一个是浙西的嘉兴监，另一个就是淮南的海陵监。贞元十年（794年），嘉兴监卖盐收课100万缗，在浙闽六监中名列最优。贞元十六年（800年）所收盐课增至300万缗，监官和商人各受奖励。著名诗人、著作左郎顾况，应请为作《嘉兴盐监记》。而到了元和八年（813年），宰相李吉甫纂成唐代地理总志《元和郡县志》时，情况发生了变化："今海陵县官置盐监，岁煮盐六十万石。而楚州盐城，浙西嘉兴、临平两监，所出次焉。"这里给出了具体的生产规模和产量排名。

海陵监的突出特点：第一条是它的历史悠久，起源于汉初的海陵盐仓；第二条是它管辖的范围幅员辽阔，在全国同类机构中名列前茅，是天下盐监的"翘楚"。所以，在北宋初年编撰的地理总集《太平寰宇记》中，编者乐史辟出专门篇章，单独予以介绍。它极盛时的辖境，东西宽95公里，南北长155公里;东到通州静海县界的海岸,西到泰州兴化县界,南到泰兴县界的江岸,北到楚州盐城界。

海陵监为学者所熟悉,还因为具体详细地介绍江淮地区"刺土成盐法"的篇章,就归附在"海陵监"的章节里。这是江淮沿海人民从汉初以来900余年勤劳智慧的结晶,是古代中国制盐科技的瑰宝。《太平寰宇记》是这样介绍唐宋间江淮盐民刺土成盐的工艺过程的:

大凡取卤煮盐,以天晴不下雨为限度,海滩亭场土壤干燥清爽。先用牛牵人扶耙犁,刺取亭场泥土。经过两天太阳晒、海风吹,亭土吸含场下卤气而成咸灰。在地面铺上稻草,复牵爬车,把亭场上所成的咸灰推集堆聚在稻草上,做成淋取卤水的土溜。大的土溜高约2尺,1丈以上见方。在土溜的一侧,用锹挖一口井,承接溜中咸卤。召集女人、小孩,手拿芦柴做的畚箕,从亭场边的浅渠中,舀取海水,满满浇灌溜中咸灰。经过吃一顿饭的辰光,海水滤过土溜里的咸灰,咸卤就会流入卤井。取石莲子(荣生注:采自荷塘里秋后老莲籽)10枚,测试井卤咸度:10枚莲子全浮的卤,可以煮到十成账的盐;一半莲子浮的,可以煮到五成账的盐;只有3枚甚至不足3枚浮的,卤水不够咸,不能煮盐,否则费草费工,事倍功半。必须把淡卤剩在一旁,留待下次重新聚灰成溜。咸度足以煎盐的卤,储蓄在大木桶里,载入煮盐的灶屋。另外雇佣人力,驾驶高轮牛车,车上带着皮绳、络头、铁叉、钩搭等打草、捆缚用具,到自家管业的草荡里,砍斫、打捆、运回芦柴、杂草等,备作煎盐用的柴草。随即砌灶,支搭盘铁,用石灰弥封盘铁的四角,再把皂角捣碎后分撒在盘铁里,然后从大木桶加入咸卤到盘铁,起火煮卤。一口土溜淋滤得到的咸卤量,分煎3—5盘,每盘成盐3—5石。盐晶一旦结成,盐户立刻穿上木屐,登上盘铁,冒热铲盐入箩,动作稍有迟缓,就收不及了。盐刚收完,接续添加咸卤,连续煮盐,一昼夜可烧成功5盘盐。一家烧完自家的卤,停火移薪,让别的灶户跟趟,用他们家的卤和柴继续煎盐。凡是土溜中已经淋过卤的淡泥,摊开在亭场上曝晒,重新耙泥吸咸,淋灰取卤。搁置较久的亭场,久未耙溜,必须先锄去蒿草,增加人牛重新耕犁,然后刺土晒灰。大致从刺土到成盐,以4—5天为一个周期。总体上说,越是靠近海潮的亭场,加上晴天雨日间隔得恰到好处,再加上风向天色也适宜,制卤产盐就会丰产;相反,老是晴天则滩场干燥,老是阴雨则卤气淡薄,都不利于产盐。亭户夏不避盛暑,冬不避隆寒,专以煮盐为职业和生计。但是他们收溜煮盐,并不一定总是呆在一个地方。

海陵监所辖的广大盐区,以从扬州湾头向东延伸的运盐河为界,分为南北两个相对独立的盐区。东南边地势稍高,俗称"上河",元以后称通州盐区,明清两代的淮南"上十场"在焉;东北边地势稍低,俗称"下河",元以后称泰州盐区,明清两代的淮南"中十场"在焉。如果说扬州是两淮盐的集散枢纽,那么,海陵就是淮南盐的中转站。淮南通属、泰属盐场所产的上好煎盐,分别通过各自的水道,运抵会聚到海陵,然后西溯运盐河运往扬州,再经仪真批验盐引所称掣抽验后,重新包装,载入江船,溯长江上运湘、鄂、赣、皖口岸,分销大江南北。

海陵监自唐代乾元元年(758年)建监,一直以海陵县治为驻地,前后计180年。但是监官的行政级别比县令要高,与浙西嘉兴监的情况差不多。宰相刘晏曾经评说嘉兴监与驻在地的关系是"大监小州不相若",因为嘉兴时为秀州,级别不高。海陵自西汉设县,南北朝时一度升为海陵郡,但在唐开元元年(713年)复降为海陵县。晚唐太和五年(831年),析海陵县东境5乡,置如皋场(今江苏如皋)。南唐昇元元年(937年),海陵县升为泰州,以辖其监。这时海陵监移治于州城东北方向的东台场(今江苏东台),因为那里靠近盐产区，便于就近管理制盐，促进生产发展。北宋开宝七年（974年），海陵监移治如皋县城，因为那时如皋东部沿海盐业生产蓬勃发展，更需要切实有力的行政指导并加强盐政管理。从移治到移出，海陵监驻扎东台场37年。

北宋时，盐务系统体制的称谓有了变化，人们把负责煎盐的机构称为"催煎场"，负责盐斤收购的机构称为"买纳场"，负责贮藏盐斤的机构称为盐仓。海陵监移治如皋县城后，地处所辖盐区的适中位置。监内设有买纳官负责出纳诸场盐课，催煎官分掌诸场煎发，运盐官负责运输袋盐输于盐仓，监仓官负责储存仓盐以备粜商，支盐官负责批引掣验。同时于各盐场设置巡检官，平时警察私煎，起盐时监督入仓。那时海陵监所管辖的催煎盐场共有8个：以丰利东西场（后称丰利场）、掘港东陈场（后称掘港场）、栟茶场、角斜场为"南四场"；以虎墩场（后称富安场）、小淘场（后称安丰场）、梁垛场、东台场为"北四场"。南四场产盐归如皋买纳场收购，北四场产盐归海安买纳场（今海安县城）收购。海陵监上属于淮南东路提举茶盐司管理领导。

北宋海陵监管辖的8个催煎场，共有煎盐亭户718户，登记在盐籍簿册的盐丁共1225人。盐法规定：亭户每丁原额一年煎"正盐"3005石；每"平盐"1石称重50市斤；以"平盐"3石折算"正盐"1石。所监亭户1225丁，每年应煎"正盐"42700石，展收"平盐"为128100石。此外尚有"额外煎盐纳官"、"牛船价并盐食支装"、"别收出利"，加上这些，海陵监每年总共必须完成的生产定额，"恒及二十万已上石"。

海陵监因为管辖范围广，事务纷繁，是锻造国家栋梁的好地方。北宋规定，进士不经历监当官这一基础台阶，不得直接升任县令。当时贵为宰相的晏殊（991—1055年）、吕夷简（978—1044年）、范仲淹（989—1052年），在进士及第后踏入仕途的最初阶段，都曾被派遣到海陵监所辖的西溪盐仓

(今属东台县),充当监仓官,从最基层、最低级、最直接、最具体、最烦琐的事情干起,以便增加资历,陶冶心气,增长才干,积蓄人望。

宋代为盐务官吏制定了严格的任期考绩制度。对监当官,大凡煎煮盐、收购盐、售卖盐,皆有年度定额;超额有奖,缩额有罚。三年任满时,以任期内每年盐货产销数额比较"祖额",有无增羡及增羡多少,进行考课赏罚。据《宋史·食货志》记载,北宋元丰年间(1078—1085年)淮南盐产定额为:"楚州盐城监岁煮四十一万七千余石,通州丰利监四十八万九千余石,泰州海陵监、如皋仓、小海场六十五万六千余石。"南宋绍兴三年(1133年),泰州所属州县管下盐场,煎、卖盐货比较上年大段增羡,经知州奏请,尚书省勘会,州官并所属盐场的催煎、买纳、支盐当职官,均各特转一官。绍兴末年(1162年),泰州海陵监(治如皋)储盐丰富,每岁支给客商盐斤多达30余万席(每大席220斤,小席116斤),收钱多达600~700万缗。时人盛赞其丰,引为盛时佳话,谓其盐利"一州之数过唐举天下之数"!

积盐待运的露天盐廪(原载《栟茶史料》)

海陵监作为唐宋时期中国海盐区生产规模最大、繁盛时间最长的盐业产销管理机构,在当时实为首屈一指的"天下第一盐监"。它不仅是唐宋间盐务管理机构的典范,而且它的存在和延续,伴随着淮南煎盐业的兴旺发达,折射着两淮盐业持续昌盛的历史。进入元代,盐监逐渐演化为分司,成为两淮都转运盐使司的派出机构。而作为中央政府盐铁使的派出机构,在唐宋食盐产销体制中处于重要地位、发挥基础作用的海陵监,便走到历史的尽头,带着它特有的光泽,进入了盐业历史的博物馆。从移治到消亡,海陵监驻扎如皋300年。

日本遣唐使失风长江口

刘晏被诬陷落职贬官而死后，接续他治理东南盐业的，都是他生前带出来的后起之秀。所以晚唐盐业产销制度仍然沿袭中唐经刘晏改革定型的"民制官收商卖"体制机制，淮盐继续发展，保持日益走向繁荣兴旺的良好势头。

晚唐时期淮盐的发展态势，南通地区南部从大海逐渐涨出的历史轨迹，在当时日本遣唐使所写的书面文献里，留下了极其珍贵的记载。

唐代的中国，国力强盛，是亚洲的经济、政治和文化中心。那时的日本，主要岛屿已经统一，国力处在上升期，已有与中国争夺对朝鲜半岛控制权的趋势，但综合国力与唐朝还不可同日而语。为了吸取唐朝的典章法律、宗教制度和技术、文化，发展自己的国家，从隋朝起，日本政府不断选派优秀人才组成大型使团，冒着海上航行的多种风险，渡海来到中国学习取经。由"遣隋使"演变而来的"遣唐使"，在公元630—894年的260年间，先后派遣并成行到达唐都长安的有12次，平均20余年一次。遣唐使的成员，包括大使、副使、判官、录事等官员，留学生、留学僧若干名，还有文书、医生、翻译、画师、乐师等随员，以及工匠、水手等。人数少则百余人，多则数百人。

遣唐使的航行路线有北、中、南三路。北路沿朝鲜半岛西海岸、辽东半岛南海岸，跨越渤海，在山东半岛登陆，从陆路到长安。中路由九州岛南下，沿种子岛、屋九岛、奄美诸岛，向西北跨越中国东海，在长江口登陆，再由运河西北至长安。南路从九州西边的五岛列岛径向西南，横渡东海，在长江口的苏州、明州（今浙江宁波）一带登陆，转由江南大运河北上。一次航程，少则十几天，多则一个月。

经由南通地区这一次，也是最后一次实际成行的日本遣唐使团，是人数最多、规模最大、行程最险、历尽艰辛的一次。时当夏历七月，正是台风肆虐季节，风鼓涛起，浪涌如山，船行大洋，犹如一苇浮海，颠簸漂泊，惶恐惊吓，使团成员可没少吃苦头。

这一切都记录在使团成员圆仁和尚用汉文书写的《入唐求法巡礼行记》第一卷里。

那是公元838年，日本国承和五年、大唐国开成三年的事。年号有异，月日全同，因为两国历法相同。

这年六月十三日，参加遣唐使团的651人分乘4条大舶，出发来唐。其中的1号舶、4号舶前后相望，迤逦航行。那时船的动力全靠风帆船桨，须待顺风，才得进发。为了等候顺风，沿途停宿岛屿，耗时8天。直到第11天，也就是六月二十三日下午6点，乘着强劲的东北顺风，才得以扬帆渡海。

二十四日，圆仁和尚乘坐的1号舶，跟随在4号舶后面向西进发，两舶相距30海里，遥望可见。大使始求观音菩萨保佑。请益僧、留学僧、法师们照常做功课，相与诵读佛经，发誓祈祷，按时开斋用饭。入夜，两舶点灯火为信号，貌若天星，彻夜联络，至晓方止。白天，可以看到天竹、芦根、乌贼、贝类等，在船舷两边随顺海浪追逐戏游。有时，还会看到个儿特别大的海鱼随船游行。

连日东北风，使航行甚为顺利。到了二十七日，浪涛变得越来越大，以致船的平衡铁被波浪冲激而全部脱落。海水颜色还呈白绿色。令人通宵爬在桅杆顶上瞭望西方山岛，得到的报告总是说"看不到！"

二十八日，仍是东北风，风帆指向西南。上午10点，1号舶临近名叫"白水"的海域（按：约当今启东市吕四镇以东一带）。海水混浊，色如黄泥，众人都说："这好像是从扬子大江流过来的江水了。"大使令人登桅瞭望究竟，得报："有一道黄流从西北直流向南，宽约20多里。不过再向前看，水还是浅绿色。"大家都很纳闷。这时，随船的新罗（今属韩国）翻译金正南说："听人说扬州的掘港一带水路艰险，现在白水都过了，怀疑咱们已经驶过了掘港啦！"到下午2点，海水还是白色，大家都感到奇怪。令人再上桅杆观察大陆或者岛屿，还是说"望不见"。

其实，圆仁一行刚才所见的浑黄海水，实在就是长江北侧支泓经由石港流入北海湾的江水，所以其色见黄，与海水本色有异。而陆岛所以不见，实因距离狼五山还远，加上热带风暴作祟，能见度不好，望不甚远的缘故。

风越刮越猛了。海浅波高，冲鸣如雷。以绳结铁沉水测量，水深只有5丈。驶了一段，再次下铁试海浅深，深止5寻。大使等人都很恐惧，有的说："不如下石抛锚，等待明日天亮再走。"有的说："必须降落半帆，派人驾驶小艇在前面试探海槽深浅，然后慢慢往前走。"众说纷纭，拿不定主意。这就到了夜里九十点钟。东风刮得更猛了，波涛冲激更高了。一波巨浪冲扑过来，船被猛然推上海中沙洲，船底搁浅，走不动啦！

惊惶之中，连忙落帆，桅角已经折断。海涛从东西两边轮番冲激，船一会儿倾向这边，一会儿侧向那边，桅叶也滑到海里去了。眼看船体就要开裂,船上人连忙放倒桅杆,卸除尾舵,以减轻风浪的影响。于是船失去自主,随涛漂荡,东波来,船向西倾,西波来,船向东侧。持续的海浪击着在甲板,打得一船人晕头转向,除了祷告菩萨保佑,只剩束手待毙。大使以下直到水手,都赤着上身,勒紧裤带。眼看船要拦腰折断,大家像没头的苍蝇,在甲板上乱窜,各自寻找能够依托身体的地方。船体构件被波澜反复冲激,连接的榫头纷纷脱落。人们用绳索把自己捆扎在船舷两侧的栏杆上,各顾自个儿保命。海水泛涌入舱,船整个儿沉在海底沙洲上。国家的礼物和私人杂物,在舱里的水面上浮来漂去。

二十九日,早潮退尽,舶里海水随之干涸。令人检视舶底,发现许多裂缝。众人出主意说:"现在舶底破裂,如再逢潮涨,只怕整体会散架。"于是卸下舶的左右橹棚,在舶四周建槔,结缆固定。事已至此,单凭自身的努力,怕是到不了大唐陆地了。下午2点,大使带领一部分随员乘坐小船,前往大陆求救,其余众人留守待援。子夜,望见西方遥有火光,人人兴奋,通宵无眠,瞻望期待中的山岛,却总是望不到,唯见火光在远方闪烁。

接下来两天,没有大使消息,也不知大使下落。随船工匠想方设法弥补船底裂缝。

七月二日,趁着早上海水涨潮,将船舶顺流向西移进数百町的样子。这时才望见西方有岛,样子像两艘并列停泊的大船。再向西行了一些时候,才望见前方就是陆地。

顺流行进不长时候,忽而遇到两拨回旋的海流,舶因不能自主,随潮横流了五十余町,最后陷在海滩的泥上,既不能前进,也不能后退。而潮水流急势强,不断掘深船边淤泥,只见泥浆上沸,舶身随之倾斜,看样子很快就会埋沉海底。人人惊怕,争着倚靠舶的侧边,个个把裤带束得紧紧的,到处扣上绳子,准备与倾覆的船舶同归于尽。忽然,舶好像要向左翻，人们连忙向右逃；一会儿，舶好像又要向右翻，人们连忙向左逃。这样折腾了好几次，舶底下第二根布材也折断，顺着海流漂走了。人人魂飞魄散，抹着眼泪鼻涕祷神发愿。

大概到了将近半夜辰光，隐约看见远处海面上有东西随着海浪漂浮过来。大家都说："该不是大使求救的船来接应我们的吧？"正在怀疑争论之时，迎着东风由西面而来的，果然是一艘小仓船。船上人先打招呼："我们是被派来接你们的射手任生和开山。"只见大唐国的六个人，来到日本舶前。大家首先想到的是打听1号舶大使现在的下落。答说："不晓得。"大家以为大使遭遇了不测，一时间又是悲又是喜，喜的是大舶上的人性命有了保障，悲的是离舶求援的大使还不知生死下落。大家把日本国进贡大唐朝廷的信物，纷纷从舶里搬上唐船，录事1人，知乘船事2人，学问僧圆载等以下合计27人，一同登上唐船，向大陆驶发而去。

中午时分，到达长江支泓的江口（约当今通州区任港迤南一带）。下午2点，来到扬州海陵县（今江苏泰州）白潮镇（约当今如皋市白蒲镇）桑田乡东梁丰村（约当今如东县胜利街），就着边防部队季赏的宅子住宿下来。在这里，才听说了大使驰艇求援的艰险经历。

原来，二十九日下午2点，大使乘坐的小船离开遣唐大舶之后，漂流之间，风强涛猛，眼看就要船翻人亡。连忙抛下石碇，口念"观音妙见"，希望侥幸逃此一劫。说来也怪，狂风竟就停了。小船乘着东风一直向西漂流，子夜时分，来到长江北泓南侧的一处江滩，那是一块生长着茂密芦苇的大沙洲（史称胡逗洲，约当今南通市区）。

这年六月是小月，第二天就是七月初一。晓潮落去，江浅滩淤，不得行进。大使令人爬上桅杆，瞭望近处有无山岛和人家。得报："可以看到南方远处有三座小山，但不知道山名儿（即今狼山、剑山、军山）；村庄也有，但是离得非常远。"找不到人问路，等潮涨再行吧，又怕耽搁时间，不能及早拯救大舶上落难的人们。船底吸在泥上，摇动不得。大使命判官以下的人都取结缆绳，拽船寻找通向大陆的港汊。下午2点，潮水渐涨，且行且找，渐渐找到了通向内陆的长江支泓入口（《太平寰宇记》记为"清水港"）。支泓正在涨潮，船要逆潮向北，寸步难行。好在港水不深，大使命水手们下船拽船而行。滩荒人稀，难找问路人。正在为难时，偶然碰见一群贩卖芦苇的人，忙问他们："此为谁国何乡？"答称："此是大唐朝扬州海陵县淮南镇（约当今通州区平潮镇）的大江口。"即召其中两名商贩上船，请他们指引从水路往"淮南镇"。谁知行到半途，这两名商贩也迷了路，认不得淮南镇驻扎的所在，只好原路打回。时已黄昏，当夜就歇宿在江口的船上。

　　七月二日，打听到江口近侧有大唐的盐官机构驻扎。大使即派判官长岑、准录事高兵2人，令其到淮南镇送上沟通的文书，报告1号舶遇风失事，请求救援。2人先拜访了大唐盐官，随后就有大唐盐官充行存率员偕同长岑、高兵乘坐小船，来到江口慰问日本国遣唐大使一行人等。双方语言不懂，而文字互通，就用笔写方式谈论本国情况。日本大使向盐官赠送本国土特产品，以结友谊。礼毕，长岑、高兵由盐官派人领路向淮南镇去。从江口北行15里，就到了淮南镇的官府。官府的长官听报，立即派人乘船到1号舶失风地点营救船上众人，一面告知长岑、高兵：要去大唐京城，必须回头从东北方向的掘港亭（原为基层盐官机构，今为如东县城），在那里由名叫"掘沟"的运河，行经如皋场、海陵县、扬州府，再经由隋炀帝开通的大运河，向北向西去长安。

　　淮南镇官府差派镇军2人，随同长岑、高兵，从原路返回大江口。才到江口，大唐盐判官充行存已经等在水路边，说：

"天日已晚，且先停宿。"招引众人到他的官舍停宿，置备酒食犒劳慰问，一面安排人，明天一大早带路，前往掘港亭。

七月三日凌晨2点，早潮始生。大唐盐官充行存派出的船在前引路，日本国遣唐大使的船在后跟随，从水路前往掘港亭。上午10点到达白湖口（约当今通州区石港镇），逆流湍急。大唐3人并日本水手，大家齐心合力，共同拽船渡江，到达对岸后，结缆待潮。在这里听说了4号舶的消息，他们同样遭遇台风，与1号舶漂著北海的南岸不同，他们被漂到了北海的北岸。午时，1号舶大使一行来到海陵县白潮镇管内的边防军驻地东梁丰村，与已经在那里的1号舶留守众人会合。

从六月二十九日海中分别，历经三天再得相见，大家悲喜交集，一边流泪，一边诉说相互惦记之情。于是众人一同宿住东梁丰村。另雇小船从失风大舶上搬运日本国的国家信物，并清洗、暴晒被海浪打湿受损的官私杂物。

接下来5天，一直没有大唐朝的州、县官员来慰问，人人因陋就简，觅便居宿，颇感辛苦。请益僧、法师也与留学僧在一处居宿。

离东梁丰村约9公里，有个延海村。村里有寺，名叫"国清寺"（今属如东县城掘港镇）。遣唐大使等人为恢复因失风导致的漂泊疲劳，决定带领一部分人员移住国清寺内。

直到七月九日上午10点，终于等来了大唐朝海陵县海陵镇大使刘勉，他带了酒食糕饼，并且带了乐队，来到掘港亭国清寺，代表大唐国慰问日本国使团一行。跟随他的有官健、亲事8人。刘勉身穿紫色朝服，一同参与慰问的地方官员也都穿着紫颜色官服。在履行了规定的巡检程序之后，刘勉等人就告辞回县了。

十二日，雇小船从东梁丰村把使团成员的随身物品，运放到国清寺里。午时，大使派通事大宅年雄、射手大宅宫继等人，要他们乘船去海陵县，催促迎接使团的船队。

十三日，伏暑大热，午后雷鸣。掘港亭因地处海滨，气味咸腥，蚊虫和牛虻特多，蚊大如蝇，入夜尤其让人烦恼。这是自从漂着北海以来，一直忍受的辛苦。下午4点，全体留学僧从东梁丰村移居国清寺。天气炎热，水土不服，有的人得了赤痢，泻肚子拉稀。

十四日早上8点，因为迎接使团的船队还是没来，大使也等不及了。于是，有大使1人，判官2人，录事1人，知乘船事1人，史生1人，射手、水手若干人，合计30余人，乘船从水路向海陵县去。听说日本使团将要开拨，掘港亭另一所建于大唐开元年间的寺庙里，有个名叫元昱的和尚也来看望日本使团。他对文章有研究，能以笔写方式传情达意。大使向他咨询唐国风尚，还向他赠送日本土产，元昱回赠了正当夏令的桃梨鲜果。他所居的开元寺院就在国清寺近边，说了一些惜别的话就告辞回去了。黄昏时候，电闪雷鸣，暴雨如注，这样的气候让人既惊恐，又郁闷。

十七日午饭时分，在十二日被派出去催促迎船的射手大宅宫继回到掘港亭，一同来到的还有大唐如皋镇的押官10多人，他们带来一支由30余条运草船组成的船队。听他们说，十四号出发的大使经过两天行程，是昨天到的如皋镇。下午4点，春知、乘山、录事等与众射手都从东梁丰村搬到国清寺，这样所有使团成员都居宿在了一起。

第二天是七月十八日。大清早，大家就把公私财物全部搬运上船。上午10点，录事以下、水手以全部上船，从水路向扬州出发。

在船队的最前面，有人赶着2头水牛背纤牵引。30余条船，有的3条组合在一块，有的2条组合在一道，所有船只都用缆绳连接起来，从头到尾，距离很远，相互之间喊话也听不见，因为有牛牵引，行进的速度就快了。

船队航行的"掘沟",河面有两三丈来宽,笔直笔直的,没有一点弯曲。这大概就是隋炀帝下令开掘的那条闻名世界的大运河的一部分。

　　这时,天下起雨来。在雨中沿河行进30余里,很是辛苦。下午4点,到了郭补村(今如东县马塘镇),就在那里停宿过夜。夏夜河中,苦于多蚊,一被叮咬,痛如针刺,极其难受。通宵有人打鼓——这是大唐的风俗,有人负责保护官府财物,入夜打鼓警示,以防偷窃。

　　十九日清晨4点,水牛在前面牵引进发。低空满布阴云,但没有下雨。6点,听到公鸡打鸣啼晨。天亮了,可以看到掘沟两岸村舍边有吴地的竹林,田野里有青葱的稻禾,还有小角的豆荚等。上午10点,有人递送海陵镇大使转达的大唐朝公函到达船队,文曰:"那些因遭遇台风漂泊损坏的船舶,就其位置便宜,由所在地方官府的职能部门进行边防检查。留船守护的全部水手人等,通令依照遣唐使团成员名单,全数护送京城长安,不得遗留一人!"船队的使头得此文牒,当即派遣船师矢侯、系丸等人,回到1号舶、4号舶停泊之处,传达命令,依令执行。午饭时分,船队到达临河仓铺(今如皋市丁堰镇)。这天夜里,通宵开进,中途未再停宿。

　　二十日早晨6点,船队来到赤岸村(今如皋市东陈镇)。询问岸上村民,有人答称:"从这里西行20里,就是如皋镇。"行不甚远,有一道拦水堰坝。雇人掘开坚硬的土坝,把船只弄进堰内,原来附近有如皋场的巡盐察院,但无从打听专知官具体情况。过堰之后,负责押护船队的人嫌水牛牵拉走得太慢,就把水牛撤下来,把船队重新编为3条船一组,共为10组,每组分派水手7人,令其背纤拽船,希望加快行船速度。这样走了才一会儿,人人疲乏不堪。实在想不出更好的法子,只得恢复老办法,把各船仍旧连结一起,还是用牛牵引。大概牛刚才歇息,恢复了筋力,跑得很快。大家见状都很感慨,说:"一头牛的力气,抵得上一百个人呢!"

到吃午饭时,只见水路的北岸有接连不断的绿杨垂柳。下午2点,就进入如皋城里居民住家的区域了。船队在掘沟停泊下来。站在船上四面瞭望,可以看到北岸一家接一家的都是商铺店家。

日本遣唐使团曾经栖息过的掘港镇国清寺

这时,几天前随同遣唐大使先行出发来到如皋打前站的射手丈部、贞名等人,从如皋镇官署来,说:"从此西行半里路,就是大唐如皋镇的官府。前几天来的遣唐大使、判官等人也都暂居在这里,尚未出发去海陵县。"正说着,日本遣唐大使和判官等人已经得知船队人马到达的消息,他们把随带的国家信物也置放到船队上,并且吩咐:"因为马上要去扬州府,必须把船队好好装扮一下,免得让人笑话。"又说:"今天刚刚见到扬州府派来的使者,使者说,原先大唐朝以为今年还像往年一样,日本国与新罗国的使者结伴同往长安朝贡,现已得报,今年新罗国使者可能来不了。今见日本大使已经到达如皋镇,又知道日本国与新罗国相隔邈远,那就不必拘泥两国使者一同进京的惯例了。此事已经由海陵县向扬州府，扬州府向朝廷，逐级履行了报告程序。"听到这些，整个船队的人都很高兴，旅途的劳顿也轻松了许多。下午4点，海陵镇大使刘勉骑马来到船队停泊的码头，跟从的骑兵有七八个人。例行检查核对过后，就骑马回去了。于是，整个使团凡职级在录事以上的都下船，前往刘勉大使在如皋的府第参见拜谒。天色既晚，就在那里过夜。

二十一日早晨6点，从大使到随员，遣唐使团全体成员一起出发往扬州府去。只见水路两岸，富贵人家的豪门大宅一家连着一家，竟无一点空隙。行不多久，渐渐驶离城区，岸边住家逐渐稀少。刚才，船队的四周围都是商铺和住家呀！海陵镇的刘勉大使陪送船队走了三四里路，就告辞回镇去了。

从如皋镇到海陵县，走水路有220里。上午10点，把水牛卸去，每船为一单位，摇橹划桨行进。沿途看不到一户住家。下午6点不到，到达延海乡延海村（今海安县城海安镇），就在那里停船歇宿。

延海村也靠海边，那里的蚊虻真是太多太厉害啦，咬得人痛苦烦恼到了极点。挨到半夜时分，实在没有办法，大使决定停止歇宿，连夜出发赶路。

一路上，我们见识了一派奇异的景象：只见大唐朝的盐官船堆满了雪白的吴盐，有的是三四条船编成一组，有的是四五条船编成一组，船与船之间都用双缆绳联结加固；运盐船队连绵不绝，一眼望不到头尾，与日本遣唐使的船队相随而行几十里路。初一看见，好不惊奇呢！这种壮观景象，用文字却难以表达清楚啊！

也唐朝开成三年（838年）的这最后一批、也是最大一批日本遣唐使团，因为夏季台风而漂泊南通北海湾的事件，经由日本国高僧圆仁和尚用精彩文笔写成随行游记，得以留传至今。它使我们看到日本民族在国力上升期怎样不辞劳苦地向先进的中华帝国学习华夏文明,从而奠定后来跻身世界列强的人文基础。它使我们知晓唐代南通地区的吴盐制造业怎样兴旺发达,从而奠定了淮南煎盐在随后一千年间领袖中国海盐的坚实基础。它使我们领略了南通地区南半部怎样从大海中涨沙成陆的历史履痕,这种"沧海桑田"的巨大变化,是真正的大自然的奇迹!它也是迄今发现的反映南通先人筚路蓝缕,拓荒不毛,开创鱼米家园的最早文献实录。

姚氏以盐利接济杨吴南唐

　　日本最后一批遣唐使团失风长江口之后，过了37年，在晚唐僖宗乾符二年至中和四年（875—884年），爆发了由山东曹州私盐贩子黄巢领导的农民大起义。义军转战鲁、皖、浙、闽、粤、湘、鄂、豫、陕，历时10年，众至百万，一度夺取中央政权。后虽失败，但唐王朝也日薄西山、气息奄奄。朝政腐败，藩镇割据，人民暴动，天下纷乱。公元907年，原为义军、后来降唐为将领的朱温代唐称帝，建立后梁政权，华夏国土由此进入第二次南北朝似的大分裂，历时50多年，史称"五代十国"。

　　五代十国时期，北方战乱频仍，官吏贪酷，军阀横行，农民困窘，起义丛生，走马灯似地，平均十多年就更换一个朝代。相对而言，南通所属的江淮地区，局势较为稳定，经济持续发展。整个五代，南通地区先隶属以扬州为都城的吴国（902—937年），后隶属以金陵为都城的南唐（937—958年）。其时，南三县的版图均为大陆近边、隔水相望的大海岛大沙洲，尚未与北三县的江北大陆涨接相连。在50年里，统治并经营这大块岛洲的，是一个世代相承的姚姓大家族。

　　20世纪出土的两块墓志，现藏南通博物苑的《唐故静海指挥、都知兵马使,兼监察御史冯翊姚公墓志》,现藏南京博物院的《大唐国右军散兵马使、充静海指挥使、兼都镇遏使、屯田钤辖使、把捉私茶盐巡检使、东海都场官,银青光禄大夫、检校礼部尚书、右千牛卫将军员外置同正员,兼御史大夫、上柱国,吴兴姚公夫人东海郡徐氏墓铭并序》,勾画出了姚氏实行家族统治,在南通建立文治武功的大致轮廓。

姚氏一族,本是江南吴兴(今浙江湖州)人氏。在五代史书里,这个家族有"姚存制"、"姚廷珪"、"姚彦洪"等人留名青史。

从《姚公墓志》中我们知道,姚锷生于杨吴武义元年(919年)。就在那一年,以扬州为都城的吴国政府,分海陵县的如皋镇,复置如皋场,管理今为南通地区北三县的煎盐生产。而在今为南三县的区域内,设置了东、西两个镇:在东边的为东洲镇,在西边的为静海镇。"镇"是军事机构,它的建置始于南北朝的北魏,一般设在边关形胜之地,驻兵戍守,未有郡县,镇将兼理民政,位比汉代的刺史。唐末五代,节度使也在其境内设镇,置镇使、镇将,除镇捍防守外,还向人民征收器甲粮饷,掌握地方实权。东洲、静海两镇的最初设置,现已无从考证,应该在晚唐就已经有了。

姚锷的曾祖父名叫姚存制,他的官职是东洲都镇使,品衔是检校户部尚书。南通现存关于他的记载,是在狼山东北麓、观音禅院后面、滴珠岩右边的题名坡上,那里有他当年做的摩崖石刻。

狼山久居江中。自初唐高宗总章年间(668—669年)已有高僧在此肇建寺庙。在岛山建寺,是中国佛教的趣好,为的是便于僧人静心修道。所以在南通的狼山建寺,与在镇江的焦山建寺同理。在江中岛崖刻石,为的是人迹罕至,较少人为损坏,便于流芳百世。摩崖刻石,工程量大,不是权倾一方的重臣，或者专横地方的豪强，不能做此雅事。

在狼山的崖壁上刻石记事，姚存制不是第一个。早他43年，即在晚唐昭宗景福三年（乾宁元年，公元894年），已经有人在此题名刻石，只因"风流总被雨打风吹去"的自然规律，历经江浪海潮冲刷，残存的字迹过于模糊，如今已经看不出具体内容了。但是这个人是那时统治南通地区南半天的一方权臣，是可以推见的。在他之后仅仅过了13年，绵延289年的大唐王朝就谢幕了，接续登台的是姚存制所处的五代十国。

姚存制原是晚唐时期朝廷任命的东南官吏，只因淮南节度使杨行密在昭宗天复二年（902年）受封为吴王，随即以扬州为王都，建立吴国，而南通地区历来属于扬州，姚存制摇身一变，就成了吴国的官员。吴主杨溥天祚三年（937年），吴国镇守金陵的大帅徐诰受封为齐王，那情形与曹操接受汉献帝册封为魏王差不多。徐诰幼年是孤儿，被杨行密收养，后转为吴国丞相徐温的养子，取名徐知诰。徐温死，朝政由其专权。他把吴王所在的扬州尊为"东都"，而把自己所居的金陵称为"西都"，形成分庭抗礼之势。他受命为齐王，并将徐知诰改名为徐诰，底下的人都知道这意味着什么，都料想威高压主的他，迟早会取吴王的地位而代之。所以纷纷前往朝觐祝贺，以便为将来继续在他手下做官乃至升迁官职预留地步。姚存制也是其中一个，大家心照不宣。姚的西行受到徐诰的礼遇，封了新的官职，觉得十分荣耀，所以西行归来，舟至狼山，就有了刻石纪荣的雅兴。他这次的刻石分为5行，前2行每行6字，后3行每行5字，共27个字。字迹早已模糊，有的已经蚀落，经过今人连估带猜，内容为：

"天祚三年某月大吴国东洲静海都镇遏使姚存制西都朝觐回到此。"

果然不出大家所料，在这次朝觐后不久，徐诰就在金陵即帝位，年号昇元，国号大齐。两年后，复改姓为李，更名李昇，自称是大唐皇帝的后裔，改国号为唐。为区别于唐高祖李渊建立的唐朝，史称南唐。南唐的国度也就是此前杨吴的范围。

姚锷的祖父叫姚廷珪，被李昇委任为军队将领，负责西镇静海的防务和军队调动管理，职衔升到检校工部尚书（检校，散官名，诏赐而无正名的加官，享其衔号而无实际职守）。姚锷的父亲名叫姚彦裕，他是大吴国的左军押衙，实际职务是静海指挥使，兼东洲、静海镇遏使，职衔升到检校吏部尚书。五代史书上所载的姚彦洪，应该是姚锷的伯叔辈，他对于南通地区南部的贡献是建筑城池。今天南通内城的早期雏形，就肇端于姚彦洪在位的政绩。

姚锷的母亲姓李，外祖父在句水（约为苏南句容）当按察使。姚锷是家里第三个儿子，很受父亲宠爱。生在这样累代荣宠、钟鸣鼎食的阀阅世家，姚锷从小接受了很好的教养，没到20岁行冠礼的年纪，就已经在父亲的指导下掌控东洲镇驻军的事务。后来父亲死了，他承袭父亲的爵位，跟随叔父继续参与军事，并且转到比东洲镇更大、更重要的静海镇任职。他的职务有三项：一是在狼山附近铸造盘铁，拓展盐场，煮海为盐；二是管理军营的操练、戍守；三是处理原住民的日常民政事务。事情够忙碌，老百姓也拥护。由于奖励他的政绩和忠诚，他的职衔不断晋升，最后获得了南唐国的都虞侯、都指挥使、监察御史的职衔。只不过官通福浅，仅仅活到27岁，就得病过世了。

《姚徐夫人墓志》是颂扬姚公夫人的。这个没写名字的姚公，应当与姚锷是同一辈人，只不过在世的年岁比姚锷长得多了。夫人的父亲姓徐，籍贯是淮北的东海郡（今连云港市海州）。徐家也是大户人家，"家缘上国，轩冕中朝"，上国、中朝都指中原大朝廷,意谓家族里有多人曾在大唐朝的官府里做过官,是远近闻名的阀阅之家。夫人的曾祖父叫徐容,祖父叫徐宗,都是唐朝官吏。父亲徐球,转到南方杨行密的吴国来做官。他看来是个效忠尽职的循吏,因为政绩突出,官职一路升迁,被授予的职务很多。所历职务,从低到高,包括军务、民政,正官、散职,计有:左押衙,知江阴镇县事,黑云、长剑两指挥,都虞侯,沿江游击使,金紫光禄大夫,检校尚书右仆射,兼御史大夫、上柱国。姚夫人是他的第四个女儿。幼受宠爱,贤淑持重,有大家闺秀风范。刚到15岁的"及笄"之龄,就被江南吴兴的姚公娶为妻子。

从《姚徐夫人墓志》我们知道:吴兴姚家的先人,从始祖开始,一直在姑苏(今江苏苏州)做官,而且"蝉联位望",累世承袭官爵职务。因为家族人口众多,人才济济,仅仅一个姑苏范围,已经安置不下了。于是,族里有的分支就渡过长江,到江北南通的海岛沙洲上来做官。他们先后为大唐朝和大吴国服务,世袭做官已经整整四代人。对于这个大家族在南通地区南部的"文治武功",原文这样写道:

> 镇东陲江海之奥府,静边鄙,安民庶,务耕桑;复竭家财,赡义勇将士一千人;设官吏,烈将校,上佐国家,已安边地;司煮海积盐,醋峙山岳,专漕运,副上供:此公家世之绩业也。

在战乱频仍、烽烟四起的五代十国,南通地区幸亏有了姚氏家族的强力统治,才成就了一方偏安局面。这里说到四个方面内容:一是军事,姚家出私财募养士兵,拥有1000人的军队,这是稳定边疆局势的基本力量;二是民政,实行战时军事管制,军帅兼理民事,设置并统制基层官吏,实现军政军民一致,保证杨吴、南唐东部边陲安祥和;三是农业,屯垦开荒,种粮养蚕,男耕女织,使人民安居乐业,丰衣足食,夯实一方安宁的物质基础;四是盐业,也是最重要的,充分发挥资源优势，煮海积盐，多产多销，源源不断运往吴、唐二国的东西两都，为占据东南中国一部分的小朝廷支撑军用民食和军政费用贡献"正能量"。

徐夫人美丽贤惠，与姚公伉俪甚笃，而且治家有方。整个大家族包括东西两镇，内外家眷僮仆共有300多人口。夫人以身作则，如履如临，"积善成家，雍睦亲党"，治理得井井有条。夫人能生多产，自从15岁结婚，到38岁辞世，23年间，生育5子6女。儿子中较长的3个，都承担了军政要务，一个在东洲镇管事，一个当直都都军头，一个名列直都十将。女儿中较大的4个，也先后嫁人，通过缔结婚姻纽带，编织更大更广的人脉关系网。

夫人的丈夫姚公，是个公而忘私的"工作狂"，"以边防警遏，戎庶事繁，无暇留心室家"，"以夫人贞干恭和，训齐不二，家道翕然，而匪有斁紊"：反正夫人能力强，家里的事天塌下来有夫人承着，他也就乐得做甩手掌柜了。

在那个天下大乱的年代，身处偏安海角的洲岛，要管理一个300多人的大家族，事务的琐细烦劳可想而知。所以虽然物质条件优裕，徐夫人还是在38岁的中年就撒手人寰了。隆重热闹的葬礼过后，在"静海都镇管下永兴场王铎铺界新河北、永兴场运盐河东二百步，以安玄寝"。考虑到沧海桑田的变迁，为了让姚氏家族的业绩和姚徐夫人的女德永世长存，聘请义丰屯田都院判官朱延著做了典雅的韵文诔辞，并在前面序以华美的纪事散文，一起铭刻成墓志，入棺随葬，陪伴徐夫人地下长眠。直到1971年因修建水利工程，在南通县陈桥公社第九大队第九生产队出土，才得以重见天日。

两块墓志具有极其珍贵的史料价值。从盐业史的角度，我们知道五代时期，因为小朝廷统治区域减缩，为安置官吏，地方行政机构多有分置或增设，南通地区除北部增设如皋场外，在南部增设永兴场等盐场；为统制各场盐产，设置了东海都场（总场），为强化盐政管理，设置"把捉私茶盐巡检使"，表明盐业生产已达到相当规模，盐政管理初具规范系统。从地方史的角度，我们知道五代时南通先后作为吴、唐两国的东部边陲，实行军事管制和驻军屯垦，置东西两镇，东为东洲镇，西为静海镇，而西镇管辖东镇，称为"静海都镇"；这里农业发展，盐业发达，环境宜居，人口繁衍。经济发展带来百业兴旺，狼山已成为风景名胜，豪杰以在此题名刻石为荣耀。

幸亏有这两块出土墓志，我们得以知晓，在距今1200年以前的五代，南通的先人们，为了守卫南通、开发南通、经营南通，所亲力亲为而鲜为人知的遥远往事。

五代姚氏刻石纪事的狼山名胜

周世宗攻取江北盐场

五代十国（907—960年）53年中，北方中原经历了前后衔接的梁、唐、晋、汉、周五朝，每一朝代都有过要恢复大唐版图的宏愿。而十国，包括南唐、吴越、闽、南汉、楚、前后蜀等国，自知势单力薄，安于割据一方称王，皆无统一华夏远图。为了苟且偷安，它们一般都向中原王朝称臣，定期派使节朝觐请安，贡献地方特产、金银珠玉、宝玩珍物。有的还奉中原朝廷年号，用其历法，谓之"奉正朔"，以示纳款结好。

在南方诸国中，南唐版图广阔，国力较强。极盛时，东灭闽，西灭楚，拥有今苏、皖两省淮河以南，湘、赣、闽三省大部，鄂省东部。支撑南唐小朝廷的财政支柱，就是淮南沿海源源不断的煎盐产销。这一带素为汉魏南北朝草煎海盐的主要产区，利用中唐"安史之乱"的契机，经由第五琦、刘晏相继扶持，煎盐规模与盐品质量得到空前提升。晚唐时建有海陵监（治今泰州）、盐城监（治今盐城）、东海都场（治今南通）。不但南唐军用民食依赖淮盐，就是向中原上国的贡物，也是凭借散盐于民而征其盐钱，然后购买措办的。

五代末期的周世宗，是一位雄才大略的君主。他不但为中华版图第二次大统一奠定基石，而且南通地区南部（时称静海军）始建州县，也是在他手里实现的。

周世宗本名柴荣，是周太祖郭威原配夫人柴氏的侄儿。郭威无子，以荣谨实厚重，幼随左右，经度庶务，颇得欢心，养同己出。历官后汉的诸卫将军，天雄军牙内都指挥使、检校右仆射，邺城留守。郭威代汉建周，授荣澶州节度使、检校太保，在镇为政清肃。随太祖讨平兖州叛乱，加检校太傅，同平章事；继授开封府尹，封晋王；续加开府仪同三司，检校太尉兼侍中，判内外兵马事。多种职位的历练，为治国平天下，奠定了基础。

显德元年（954年），周太祖以疾驾崩，柴荣受遗诏在枢前即位。为发动统一战争，陆续施行一系列改革。前后所历战争，他都不避险苦，亲历战阵，以求必胜。

柴荣即位之初，将帅多恃前朝勋爵，临战不愿用命。显德元年三月，北汉（据并州，今太原）的刘崇和契丹（据幽州，今北京）的杨衮联手南侵周，世宗亲征迎战，双方大战于高平（今山西高平）。刘有骑兵3万，杨有骑兵万余，东西列阵，阵势严整。周师马步军兼备，分列西、中、东三部，皆由大将分领，世宗骑马披甲观战督阵。不料敌骑则一挑战，东路大将即望风而逃，所部骑兵大乱，步军被敌骑冲击，纷纷投械溃逃。世宗眼看败势山倒，自率亲骑，驰马阵前，先犯敌锋；将士见皇上亲临搏战，无不奋命争先，于是反败为胜，追奔逐北，斩获不可胜计。战后对照军法论功赏罚，东路将校70余人全数伏诛；而脱逃者自军使以上至监押使臣并处斩刑，连旧时勋臣亦无宽贷。由此骄将惰兵无不惧法，临阵死战，攻无不克。嗣命兵部尚书准诏撰集《制旨兵法》10卷42门，依兵法训卒练战，造就了一流善战的军队。

俗话说："兵马未动，粮草先行。"打仗需要财力。为发展农业，周世宗颁布《垦荒令》：

"诏应逃户庄田，并许人请射承佃，供纳税租：如三周年内本户来归者,其庄田不计荒熟,并交还一半;如五周年内归业者,三分交还一分;如五周年外归业者,其庄田除本户坟茔外,不在交付之限。

为开发劳力,颁布《裁减僧尼寺院诏》,诸道裁废寺院凡30336所,存留2694所,不足原先十之一,系籍僧尼减为6.12万人。唐人元稹做同州刺史时,曾奏本建言平均户民租赋,未被采纳。至世宗览其文集而善之,将其词画为图,以赐藩郡。随后颁发《均田诏》,均定河南60州税赋。这些扶农、利农、惠农措施,促进了生产,积蓄了物力。

为肃清吏治,建设高效政府,实行最严酷的行政法制。凡被查实贪赃纳贿者,无论官阶,不问亲故,或弃市(在闹市杀头)或流放,一概严惩不贷。为网罗实用人才,特置贤良方正能直言极谏科、经学优深可为师法科、详闲吏理达于教化科,注重拔奇取俊,有自布衣上书、下位言事者,多破格进用。为确保科举质量,规定拟录进士及第人选,须经皇帝定夺,然后放榜。授权在任高官举荐人才,但举才失察者须连带担罪。又制定有利于分化瓦解敌人的战场策略,规定纳降官员照原阶使用,凡新占城镇,释放在狱囚犯,减免农民租税。

不过一年工夫,周世宗巩固并有效统治了从太祖接管而来的全部国土,以东都开封(首都)、西都洛阳为中心,辖境当今豫、鲁两省,陕、晋、冀、宁、鄂省一部,苏、皖两省淮北大部。

显德二年(955年)春二月,诏令文武百官论谏皇帝得失,指点时政瑕疵。夏四月,诏令翰林学士承旨以下20余人,各撰《为君难、为臣不易论》《平边策》2篇进呈帝览。多数人写的是"修文德以来远人"之类套话,独有陶谷等四人以"封疆密迩江淮,当用师取之"为言。而世宗自克高平,常训兵讲武,思混一天下,及览其策,正中下怀,欣然听纳,由此用武力攻取南方之意益坚。

这一年，周师向后蜀作战，先后攻占秦州（今甘肃秦安）、凤州（今陕西宝鸡）、阶州（今甘肃武都）、成州（今甘肃成县）四州，收复陇南广大地区。

冬十一月，世宗决计亲征南唐。除动员中原大军外，遣人知会吴越王钱镠（辖境为浙江）西攻常州（今江苏常州），朗州节度使王逵（辖地为湘北）东攻宜春（今江西宜春），与周师南北策应。调兵遣将毕，特颁《谕淮南州县诏》，阐吊民伐罪之义，张水陆并攻之势，示赏降屠拒之威，申严规安民之纪。

显德三年（956年）春正月初八，世宗起驾进军，戟指战略要地寿州（治寿春，今安徽寿县）。在淮河上游的正阳（今河南正阳），斩杀南唐军2万人，俘3000人，获铠甲30万具，马500匹。世宗从正阳浮桥渡淮至寿春，在寿春城下阅兵耀武，励将攻城。随移正阳浮桥到下蔡（今安徽凤台），二月驾移下蔡，驻跸而为行在所。周师在清流山击破唐军1.5万人，乘胜追击，由间道突袭，攻取滁州（今安徽滁州）。滁州为金陵控扼，南唐震动。南唐国主李璟两次遣使奉书，愿遵"以小事大、献土纳贡"旧例，割寿、濠（今安徽凤阳）、泗（今江苏泗洪）、楚（今江苏淮安）、光（今河南潢川）、海（今江苏连云港）六州辖地，削号罢兵媾和。

世宗得书不答。在他看来，"南邦之土地，本中夏之封疆；苟失克复之期，大辜朝野之望；已兴是役，固不徒还！必若自淮以南，画江为界，尽归中国，犹是远图"。相继攻取盛唐（今安徽六安），袭降扬州、泰州（今江苏泰州）。三月，光州降，舒州（今安徽安庆）拔，加紧围攻寿春。至此，世宗始将《赐江南李璟书》和《赐江南将佐书》交由南唐使臣带回，宣复其欲尽得南唐江北之地，然后罢兵的旨意。

夏四月，世宗自寿春城下行营移驾，循淮而东，至濠州城下驻跸，等待李璟的消息。不料天有不测风云，从江南策应攻唐的部署未能顺利实施。先是王逵被部将所杀，接着是钱镠的部队在常州大败。坏消息还不止于此，在常州得胜的南唐将领又乘胜北渡长江，攻复泰州，进逼扬州。幸得周师大将赵匡胤等并力迎战，在扬州与六合两地大败唐军，始得稳住战局。月末，世宗移驾涡口（今安徽怀远）。

五月，世宗犹欲自涡口驾临扬州督战，宰相以"师老军疲"泣谏班师，从之。时唐军据守的战略要地寿春城防坚固，周师围困经年不能克。世宗班师回朝后，周师从扬州北撤，专围寿春，于是舒、蕲（今湖北蕲春）、和（今安徽和县）、泰、扬等州复归南唐版图。

北人粗豪擅陆攻，南人灵动善水战。这次世宗在渡淮督战时，发现周师无水战之具，每遇南唐战船无可奈何。班师后，他就在京郊大集工徒，逾年，修造艨艟数百艘，兼得江淮舟船，遂令所俘南唐水军教练北人习水战出没之势，没多久而舟师大备。

显德四年（957年），世宗再次亲征淮南，水陆并进，志在尽得南唐江北地。二月，驾临下蔡。三月，移驾于被周师久困不克的寿春城外紫金山下，督赵匡胤率亲军攻拔为援解寿春之围而驻扎此山的唐军营寨，唐军乘夜投诚者万余。翌日尽陷诸寨，擒俘大将，杀获甚众。余军溃散，沿淮东奔。世宗自率亲骑沿淮北岸追击，至镇淮军（涡口），杀获数千人，夺战舰粮船数百艘。几天后，南唐固守寿州的大将上表请降。于是，世宗赦免罪犯，减免民税，开仓赈饥，班师回京。

冬十一月，世宗第三次亲征淮南。亲率诸军攻濠州，夺关城，破水寨，南唐濠州守将上表请降。世宗率诸军水陆齐进，循淮而下，大破唐军于涡口，斩首5000级，收降2000余，夺船300艘。鼓行而东，追击溃军，昼夜不息；沿淮城栅，所至皆下。至泗州，世宗亲冒矢石以攻其垒，南唐泗州守将以城降。世宗率众与赵匡胤夹淮东进，至清口（今江苏淮阴）追及唐军，军行鼓噪的声音几十里外都能听到。至楚州西北，大破唐军，水陆俱崩；有唐船数艘顺流逃逸，世宗率骁骑与赵匡胤紧追数十里，擒南唐大将陈承昭，收舟船300艘，俘将士7000余。周师水陆皆捷，江南大震。李璟连忙派遣兵士到扬州，组织士人庶民渡江南撤，焚其州郭而去。南唐的涟水（今江苏涟水）、泰州守将俱以城降。

世宗在楚州城下的行在，度过了显德五年（958年）的春节。正月廿三日，自率亲军强攻楚州，翌日拔城斩将，焚庐屠民万余。二月，南唐的天长军（今安徽天长）守将以城降。世宗驻跸广陵，发丁夫万余筑扬州新城，并到扬子渡口观看大江。于此得西线捷报：黄州（今湖北黄冈）破南唐军3000人，俘其舒州刺史。三月初一日，世宗巡视泰州，遣殿前都虞侯慕容延钊攻静海军（今江苏南通）。五天后复回广陵，驾临迎銮镇（今江苏仪征）江口，命人往江岛（今江苏扬中）侦察敌情。遣赵匡胤率战船追击江上唐舰，又登陆大江南岸，焚烧唐军营栅而回。十四日，慕容延钊在东布洲（今江苏启东）江面大破南唐水军，取静海军地。世代统治南通地区南部的姚氏家族，就是在这个时候因为军败而走向了衰落。

十五日，南唐国主李璟遣使奉表陈情，贡物劳军，目睹周师战舰泊于江边，以为从天而降，愕然大骇。十六日，荆南道奏协攻南唐的舟师已到鄂州（今湖北武昌）。十七日，吴越王奏协攻南唐的水师1.7万人、战舰400艘已泊长江南岸。十八日，赵匡胤率水军在瓜步洲（今属江苏六合）江面袭破南唐战船百余艘。同日，南唐国主遣刘承遇为使奉表，愿献庐（今安徽合肥）、舒、蕲、黄等四州辖地内附，且请以长江为界息兵班师，世宗允焉。由此，长淮以南，大江以北，淮南全境凡14州、60县、226574户，归入后周版图。世宗命改静海军为通州，领静海、海门两县。静海县就是今天南通城区的前身。

淮南入周后,后周境内拥有的盐资源,除原有河东池盐、山东鲁盐、海州淮北盐外,又增加了盐城、海陵、南通的淮南盐,可谓得天独厚。而南唐失去了盐资源甚为不便,于是,在奉表内附的同时,刘承遇代表李璟向周世宗请求:"江南无卤田,愿得海陵盐监南属以赡军。"世宗闻奏,认为说得在情在理,可以兼顾两全。于是他这样答复李承遇:"海陵在江北,难以交居,当别有处分。"

他说话算数。夏四月起驾扬州回到京城,五月就给李璟写了正式答复。书曰:"皇帝恭问江南国主。煮海之利,在彼海滨,属疆壤之初分,虑供食之有阙。江左诸郡素号繁饶,然于川泽之间,旧无斥卤之地,曾承素旨,常在所怀,愿均收积之余,以助军旅之用。已下三司,逐年支拨供军食盐三十万石。"随信还赐给李璟当年历日一轴。

淮南地区的海盐,对于南唐国家的财政收入实在非常重要。在拥有淮南沿海的20年里,它的财政收入主要依靠统购泰州海陵监及静海军东海都场的盐货,计口派发给城乡居民,征收盐钱入官,来支撑军政开支。海陵盐监归入后周,盐货不可再得,南唐的财政收入就唯有依靠向管内百姓征收绵绢折银来解决了。

收复淮南后,周世宗并没有停止统一中国的步伐。显德六年(959年)夏四月,他又亲率大军北征契丹。驾临沧州(今河北沧州),统领诸军,先后收复宁州(今河北青县)、鄚州(今河北任丘)、瀛州(今河北河间)、易州(今河北易县)四州属地,及益津关、淤口关(今河北霸州)、瓦桥关(今河北雄县)等"三关"要塞。五月,他驻跸瓦桥关行营,继续指挥对契丹作战,收复失地。由于戎事倥偬,鞍马劳顿,忧劳成疾,夏六月初,他得病晏驾在征战路上。天不借年,只活了38周岁。史书称赞他"雄武勇略,乃一代之英主"。又说他"禀性伤于太察,用刑失于太峻",对这些缺点,"后人不能无议焉"。

周世宗因为英年早逝,没能完成统一大业。但是他所开启的统一战争,为宋太祖赵匡胤、宋太宗赵光义接续进军,最终实现中华版图南北大一统,奠定了基础,铺平了道路。

盐场收购盐民交售盐斤上堆筑廪(原载《张謇》画册,张慎欣提供)

范仲淹筑堤流芳

周世宗38岁英年早逝,使统一中国的大业功败半途。他的禁军统帅、殿前都点检赵匡胤,通过陈桥兵变黄袍加身,篡周而建宋王朝,史称宋太祖。太祖运用"各个击破"战略对付割据政权,先后攻灭荆南、湖南、后蜀、南汉、南唐诸国,统一了中国大部。可惜虚龄50岁上,他也驾崩了。接位做皇帝的是其弟弟赵光义,史称宋太宗。他继承哥哥的统一战略,先后迫使吴越王钱俶与平海节度使陈洪进"纳土"归朝,次年又灭了北汉政权。接下来的任务要攻灭辽国。而辽国是契丹族建立的政权,军力强悍,宋军屡战不能胜,统一战争只好就此停顿下来。

宋朝的版图虽然与汉、唐不好相提并论,但与四分五裂的五代十国比,确实算是统一而强盛的大王朝了。战争的终止,促使生产恢复,百业兴旺,而淮南煎盐业也随着和平的环境迅速发展兴旺起来。

大规模的制卤煮盐是濒临大海的露天劳作。而台风飓潮往往对广大盐民的生命财产造成致命威胁。早在唐代,官府已经为此兴筑了有针对性的工程设施。

那是在中唐代宗的大历年间(766—779年),朝廷派曾经做过监察御史的吏部郎中、赵州高邑(今河北高邑)人李承为淮南道黜陟使（一说节度判官）。职责是巡察淮南道所属州县，询访地方情况，调查官吏行为，考察官吏政绩，报请皇帝赏罚。当他来到楚州山阳县（今江苏淮安）的时候，老百姓向他反映：当官的还算勤政爱民，就是海潮不时冲毁庄稼，总得想个法子。于是李承奏报朝廷，得旨征发民夫修筑捍海堰以御海潮，北起楚州的盐城监辖地（今江苏盐城），南到泰州的海陵监辖地（今江苏东台），长百五十里。堰成后，有效抵御了东边咸潮，人民得引西面淡水冲洗屯田里的盐卤，土地得到改良，收获的粮食是筑堰前的10倍，为此，人民都把捍海堰叫作"常丰堰"。

经过晚唐至五代，200多年过去，只有南唐李昪曾对常丰堰进行修筑。再后来因为战乱频仍，常丰堰年久失修，已经名存实亡。

到了宋仁宗天圣二年（1024年），范仲淹奉命来到泰州海陵监的西溪盐仓（今为江苏东台市）做监仓官，相当于今天国营盐库的主任，跟乡镇长的级别差不多。这官儿当得够寒碜。对于熟读《六经》、尤长于《周易》的他来说，也够屈才的。

据史书记载，仲淹祖籍陕西邠县，是唐朝宰相范履冰的后裔。后来家道中落，迁居江南苏州。他出生第二年就死了爹，娘正年轻，改嫁给了爹的朋友、老家在山东的朱某。继父对他不错，自己在外做官，没耽搁送他在家乡学校读书启蒙。稍长，仲淹知道了自己的身世，更加发奋苦读，昼夜不息。冬月凛甚，以水沃面；食不给，至以糜粥继之，人不能堪，仲淹不以为苦。关于他苦读的故事流传很广，宋人魏泰《东轩笔录》这样记载：

惟煮粟米二升，作粥一器，经宿遂凝。以刀画为四块，早晚取二块；断齑数十茎，酢汁半盂，入少盐，暖而啗之。

"划粥断齑"的掌故由此而来。

大中祥符八年（1015年），27岁的范仲淹中了进士，踏上仕途,翻开了人生的闪亮篇章。

对于满腹经纶而又荣登进士的范仲淹来说,仕途的前站是距离京城开封有千里之遥的西溪盐仓,算不上幸运,却是必经的步骤。因为宋代的干部政策规定:"凡没有经过监当官历练的人,不可以提升知县。而没有知县履历的人,不可以提升高级官职。"

仓库管理的职务是不够博学多才的范仲淹干的。他便在履职之余,了解风土人情和民间疾苦。有人告诉他,盐民们在海边煮海积盐,不仅劳动强度大,而且夏秋二季风潮为灾,一旦躲避不及时,常常会有生命危险,有时一场潮灾就会导致几百上千人丧生,连尸首漂到哪里都找不到。

范仲淹听了,觉得这确实是必须解决的大问题。但是筑堤障海是需要出动几万民工参与的大工程,需要皇帝下旨,州县官府组织实施。可是自己官阶低,人微言轻,不可能有向皇帝上表陈述的机会。

他想到了自己的顶头上司张纶。张纶是颍州汝阴(今安徽阜阳)人。宋真宗天禧(1017—1021年)中任江淮制置发运副使8年。他虽然不是从进士入的仕途,但是官德好,居心仁爱,乐于施予;多才略,事业心强,敢于担当,到哪里都乐于做兴利除弊的好事。他刚上任时,正逢淮南盐区连年大减产,盐民贫困乏食,亏欠了朝廷好多课盐,大家"死猪不怕开水烫",认为反正新亏旧欠永远填不上,都很消极,生产起来打不起精气神儿。张纶奏请皇帝后宣布:"凡是崇州(通州别称)、泰州、楚州的盐民,过去亏欠的盐课一概免除,从今年开始重新计算。缺粮吃的,由公家赈济;缺煮盐器材的,从公家领取。盐货交售给国家,从优计算价值。"这一来,盐民们可高兴啦,生产积极性高涨,当年就在完成朝廷规定的盐产定额之外,增缴课盐数十万石。他还在苏、浙、赣、淮、扬、海一带,做了许多增置盐场、兴修水利等利国利民的好事。有一次,他看到江淮间从事漕运的兵夫,因为饥寒交迫,许多人倒毙在河岸边,长叹一口气,说:"这是我们转运部门工作没做好,不能让天下臣民体验到皇上的仁爱。"就拿出自己的俸钱,派人买来棉被和短袄1000多套,无偿发给那些不能自给温饱的纤夫。

范仲淹把了解到的情况和自己的主张禀报给张纶,得到他的称赞和支持。于是,张纶给朝廷起草奏折,把仲淹的意见如实呈报皇上。大意说:"泰州海陵县古有捍海堰,长百五十里,因为长久废弃而未加修葺,以致连年都有惊涛骇浪一再为灾。农田被咸水漫浸后,都成了盐碱地;村庄树木受海潮冲击,都拔根倒伏了。本州人民遭受潮灾之苦,已经到了极点。都巴望皇上恩准,朝廷下令,征发民夫,动工修复。"

奏折呈到朝廷,皇帝下达给有关部门讨论拿意见。这下子就像一把盐撒进了热油锅,炸开啦!七嘴八舌的意见,皇上都原汁原味转给了张纶。主要反对意见是:"前人没有修复捍海堰,一定有他的道理。例如,海陵、兴化、盐城一带,地势低洼。一旦筑了海堤,下大雨发生洪涝灾害时,陆地的洪水就不能顺畅地排入海里去啦!那样,虽然避免了潮灾,却带来了洪灾,得不偿失。这堤筑不得!"

张纶经过实地考察,了解到发生洪灾的概率是十年一遇,发生潮灾的概率是十年九遇,权衡利弊得失,筑堤护盐利农,不筑堤伤盐害农。于是再次上表,具体申述筑堤的效益远远大于弊端。张纶坚持的主张得到朝廷认可。于是,皇上下旨:"征发泰州邻近州县民夫,兴工修筑捍海堰。调范仲淹任兴化县令,具体负责筑堤工程筹划实施和施工现场检查监督。"

在南通地区民间传说里,至今流传着范仲淹如何确定海堤最佳堤线的故事。

传说,范仲淹当时犯难的有三点:一是堤线不能离海太近,太近则遭遇风潮时承受的冲击力大,堤身容易被冲毁;二是堤线不能离海太远,那样本来可能变为良田的土地就会白白丢失;三是沿海港汊众多,岸线曲曲折折,每月只有月半前后几天潮位最高,要精确测量大潮时海浪最远能冲到何处,时间紧,难度大。他为此苦思冥想,难觅良策,眉头紧锁,茶饭不思。他有个随身的小儿子年方七八岁,见状一再追问父亲何事为难?仲淹只得以实相告。谁知小孩抓耳挠腮,计上心来,说:"这有何难?弄一些船,装上稻糠,在涨潮时撒在海面上,等潮水一退,稻糠自然留在海滩上。沿稻糠打上木桩,栽上草把儿,这就成了施工的堤线。"

　　海堤的堤线就这样确定下来。工程开工于天圣四年冬季。一开始进展挺顺利,大家都在盼望工程早日成功,就连对工程充满疑虑的人们,也不再坚持反对意见。不料天有不测风云,海有非常怪异。一天,陡然刮起东北大风,霎时间彤云密布,卷起漫天大雪。大风掀起惊涛骇浪,铺天盖地席卷而来。施工现场的指挥人员始料未及,哪个会料想到在这寒冷的冬季,还会有怪潮突袭而至呢?民夫们久居内陆,谁见过这架势?一时间晕头转向,昏天黑地,哭爹喊娘。人们拼着性命奔向陆地的方向,同迅速上涨的海潮赛跑。风推水势,以助潮威;到处是烂泥,四处是潮水;前面是人群,后面是潮声。有百十来个拔腿慢的,竟被活活淹死在这突然暴发的怪潮里了。

　　这下可出了大纰漏啦!筑堤本为了护民,却先淹死了民工,这还了得!如同捅了马蜂窝,一时间群言大哗。新生的事后诸葛亮,连同先前的反对派,同时起哄,一致认定这捍海大堤修不得,海龙王的威风抗不得!消息报到朝廷,皇帝也很着急,立马派出宠信的宦官作为钦差使者,一面安排死者善后,慰问施工民夫,一面实地察看筑堤之事是否切实可行,假如确实不行,也别硬撑着,适可而止,就此拉倒算啦!

中使回京如实报告舆情：多数人反对，少数人坚持。这"反潮流"的少数人，就包括张纶和范仲淹。既然意见不统一，而反对的人占上风，筑堤工程先停下来再说。为了慎重起见，在做出取消筑堤的最后决定之前，朝廷又任命胡令仪为淮南转运使，要他到海陵实地再做一次过细考察，全面听取各方意见，然后会同地方官府，汇总观点，权衡利弊，拿捏筑堤到底行还是不行，写出综合奏章，呈报皇帝裁决。令仪来到现场，先找仲淹听取意见，然后找张纶分析利弊。就在这事关成败的当儿，仲淹的母亲病故了。按照历朝历代"以孝治天下"的老规矩，他得立即停下手头工作，回家奔丧理事。利用启程之前的间隙，仲淹给张纶写了一封措辞恳切的信，请求他力排众议，坚持正确主张，千万别受错误意见一时迷惑，而放弃利民利国的大好事。令仪也明确支持仲淹的主张，原因是他先前曾在泰州属下的如皋县当过县令，县境濒临大海（抗战时才有如东县），故而对潮灾的害处了如指掌。

于是，张纶第三次给朝廷上表，阐释怪潮只是偶然现象，不足为惧，应当坚持原来的筑堤方案不动摇；因为仲淹丁忧离职，所以自己愿意接替仲淹，亲自担任现场督工。他的坚持和诚恳打动了皇帝，宋仁宗就任命他临时兼任泰州知州职务，全权负责工程实施，直到竣工为止。

重新征发数万民工，在天圣五年秋天第二次开工。天帮忙，人努力，一切进展顺利，在第二年春天就大功告成了。堤成143里，与中晚唐李承始建的捍海堰基本等长，北起刘庄场（今属大丰），南迄富安场（今属东台），堤高1.5丈，顶宽1丈，基厚3丈。东御咸潮，西遮农田，外抗潮灾，内奠民居。盐民们白天到堤外制卤煮盐，晚上回堤内安居歇宿，生命财产有了保障，发展生产又有了积极性。

好些因历年潮灾为患，而"逝将去汝，适彼乐土"的人，眼见重修了捍海堰,"束内水不致伤盐,隔外潮不使伤稼",都坚定了安心从业的意愿。而过去因灾难逃亡离土的人,听说新修了捍海堰,都动了回迁的念头。张纶又请示朝廷,得准公布:"凡属逃亡人户,屡年积欠课赋一概蠲免,不再追究。"于是,在一个月内,就有2600户回迁归业,另有3000户表示要按时缴纳田赋或盐课。

自从天圣年间筑堤,海水不再内侵,堤内的盐碱地逐步脱盐,都成了上好农田。这等于树立了围海造田的样板。于是,许多有事业心和责任感的地方官吏跟着学样,慢慢地,捍海堰逐渐向南向东延伸。随着胡逗洲、南布洲、东布洲涨接大陆,今属南通地区版图的捍海堰也跟着建筑起来。

庆历年间(1041—1048年),通州知州狄遵礼修筑了西北从石港场、东南到余庆场的狄公堤;至和年间(1054—1055年),海门知县沈起修筑东起吕四场、西接余庆场的沈公堤;南宋乾道七年(1171年),泰州知州徐子寅修筑北起角斜场,向东向南,经栟茶场、丰利场,绕掘港场折而向西,经马塘场,南至石港场的海堤,人称"皇岸";淳熙四年(1177年),泰州知州魏钦绪修筑西北起富安场,东南迄李堡场的桑子河堰;明隆庆三年(1569年),两淮运盐司通州分司判官包柽芳修筑东北起掘港场,中包马塘场,西南接石港场的包公堤。

这些先后断续兴筑的捍海大堤,最初并不相互连接,只是在屡筑屡圮、屡圮屡筑的漫长过程中,逐渐绵延连接。直到明万历四十三年(1615年),两淮巡盐御史谢正蒙进行新一轮全面整修,苏中古海堤基本定型,才最终形成北起庙湾场(今属阜宁),南经建湖、盐城、大丰、东台、海安、如东、南通等市县,东南截至吕四场(今属启东)的淮南捍海大屏障。淮南上十场、中十场等20所盐场,星罗棋布,沿线展开,直线距离582里,号称800里范堤烟柳、滨海长龙。

从143里到582里,从断续到连接,前后穿越北宋、南宋、元、明四代，历时近600年。人们把这条滨海长龙统称为"范公堤"，因为报本追始，是范仲淹首倡筑堤之议。历代人们都采取建祠祭祀的办法，感戴以范仲淹为代表的盐务官员和地方官吏的恩德。围绕范堤的历史功绩，当时有范仲淹的《张侯祠堂记》，明代有张文的《三贤堂记》、杨果的《掘港场范文正公祠记》等。还有大量的诗歌，如明末清初程岫的《谒文正公祠》：

　　海滨细雨秋廉纤，潮水欲来狂吹兼。浊浪入田禾稼没，弥望但见蒲与薕。范家老子轸民瘼，此时正监西溪盐。爰兴工役筑长堰，隆冬不息督责严。一时勤劬万世利，纵有阻者宁避嫌？堤成一百五十里，岁歌有秋民安恬。乃知世事皆可为，病在怯懦难针砭。顾恋不进诧持重，坐观成败口若箝。岂知苍赤号左右，听之不异呓与谵。范公官小志则大，决谋无待询龟占。前后筑堤非一人，至今群口推仲淹。实心感民民自悦，此岂有意为凉炎？

　　令人奇怪的是，范仲淹做了这样利国利民、流誉后世的大事，在《宋史·范仲淹传》里却只字未提。后世学者知晓范公堤，得自于《宋史·张纶传》；而知晓首倡之议出于范仲淹，则得自于《宋史·河渠志》。杨果这样解释个中原因："于人为大，于公为小，则公生平之所树可知；其感吾民如此，则其感动天下者又可知矣。"史载仲淹入仕后，曾两次领兵打仗，长期驻防延州（今陕西延安），抵御西夏小王朝对北宋西北边境的骚扰。他在那里写下了著名的《苏幕遮》《渔家傲》词，反映戍边将士的劳苦，因其苍凉雄丽的意境而传诵后世。他又曾于庆历三年（1043年）入主朝堂为副宰相，在宋仁宗的支持下革新政治，时称"庆历新政"。大概从史家角度看，他做了如此惊天动地的大事，而首倡筑堤这事与之相比，就只能"掩于其大而略之"了。

　　范仲淹首倡筑堤不是偶然的，是由他的高尚人格决定的。《宋史》本传这样记述他的为人："仲淹内刚外和，性至孝，以母在时方贫，其后虽贵，非宾客不重肉。妻子衣食，仅能自充。而好施予，置义庄里中，以赡族人。泛爱乐善，士多出其门下，虽里巷之人，皆能道其名字。死之日，四方闻者，皆为叹息。为政尚忠厚，所至有恩，邠、庆二州之民与属羌，皆画像立生祠事之。及其卒也，羌酋数百人，哭之如父，斋三日而去。"他写于"庆历新政"失败之后的名文《岳阳楼记》，有"不以物喜，不以己悲"，"居庙堂之高则忧其民，处江湖之远则忧其君"，"先天下之忧而忧，后天下之乐而乐"等人生格言，为世传诵。而居盐官之微，倡筑堤之大，则是他带头践行这些人生信条的最早最好注脚。

范公筑堤流芳的佳话，给今人四点启示：一是位卑未敢忘忧国，只要利国利民，就要敢做"出头椽子"，当仁不让，发人未言；二是为官一任，既要追求当前政绩，更要做打基础、利长远的事；三是对于认准的好事，要敢于坚持，敢于反潮流，把好事做好；四是要善于合作共事，同事与上下级之间，要团结协作、共襄盛举，毕竟，成功才是硬道理！

如东县存留的范公堤遗迹（如东县志办提供）

王安石视察盐岛

范公堤的修筑,使海滨泻卤之地皆成沃壤,良田与村庄得免海潮侵袭,盐舍与盐具得免风潮漂没,可谓盐农两利,各得其宜。通、泰、淮三州36所煎盐场,家家户户心怀感激。早在张纶在世,已有生祠肇建;及至张、范、胡先后去世,人们纷纷在本场辟屋建祠。专为祭祀范仲淹的范公祠,合祀范、张、胡的三贤祠,春笋层出,成为淮盐文化的亮丽风景。即至改革开放新时期,人们还在原为盐场的通州区骑岸镇、海安县西场镇,新建了范仲淹巨幅雕塑,以示受惠海民永怀功德。

范公筑堤的榜样,启发沿海地方官找到了勤政爱民的着力点。而今属南通地区南部的海门县,就是当时积极仿效范公筑堤,并做出突出实绩的一个。

北宋前期,以金沙以东的东社渔村(今属通州区)为界,海门县仍未与同属通州的西邻静海县完全涨接。东西两县之间隔着一条南北向的海峡,因而被外界称为"海门岛"。海门岛包括长江口中心航道北侧的沙洲列岛,其中最大的是两个:一个叫东布洲(今海门、启东两市范围),另一个叫崇明岛。东布洲上有海门县治东洲镇,崇明岛上也设立了名叫崇明镇的建制镇。

中国自古以来就有利用罪犯强迫劳动、开发荒僻不毛之地的传统做法。而海岛四面环海，脱逃困难，尤其是确保安全、有利监护的劳动改造场所。今南通市城区所在的胡逗洲，在从南北朝到唐代的数百年里，就曾经是一个流放罪犯、"煮盐为业"的所在。

从晚唐五代开始，中原五朝廷都把登州的沙门岛（今山东蓬莱）作为犯了死罪而获得宽恕不杀的罪犯流放劳改的集中场所。载于《旧五代史·周世宗本纪》的例子有：

显德元年……秋九月……丙戌，右屯卫将军薛训除名，流沙门岛，坐监雍兵仓，纵吏卒掊敛也。

显德二年……冬十月，丁丑……右谏议大夫李知损配流沙门岛，坐妄贡章疏，斥读言贵近，及求使两浙故也。

显德三年……冬十月……癸未，右拾遗赵守微杖一百，配沙门岛。守微本村民也，形貌朴野，粗学为文。前年徒步上书，帝以急于取士，授右拾遗，闻者骇其事。至是为妻父所讼，彰其丑行，故逐之。

在周世宗统治北方中国的五六年里，南通地区所在区域原属南唐国领土，所以流放罪犯到海岛，只记了山东登州的沙门岛。考虑到统治集团之间对于治国理民方法的互相借鉴，可以推测同时期海门岛本岛或其附属岛屿，应当也曾作为南唐小朝廷流放罪犯的首选地点，只是史籍未及记载罢了。

果然，进入北宋，这样的记载就有了。据元人马端临《文献通考》引《通鉴长编》：

太平兴国五年（980年），诏配役者分隶盐亭役使。先是，国初以来，犯死罪获贷者多配隶登州沙门岛、通州海门岛（"门"字据《舆地纪胜》补），皆有屯兵使者领护。而通州岛中凡两处：豪强难制者隶崇明镇，懦弱者隶东布洲，两处悉官煮盐。是岁始令配役者分隶盐亭役使，而沙门如故。

这是说，从北宋初年开始，凡是被法官判定犯了死罪，而给予宽贷不处死，发配到流放地强迫劳动改造的死刑犯人中，除了一部分继续发往登州沙门岛外，另有一部分发配到南通州的海门岛来。而海门岛则有两个海岛，依据死刑犯的性格不同，分别遣送：老实巴交的，发配在距离江北大陆较近的东布洲；强悍不好管理的，发配到远离大陆、位于江口中央的崇明岛。这两处的死刑犯，劳动的类型都一样，都是按照规定的劳动定额煮海水为盐。驻地最高的管理长官是屯兵使者（相当于省军区生产建设兵团首长）。但是，从太平兴国五年（1000年）以后，情况有了变化。那时北宋政权基本稳固，社会秩序趋于安定，加之盐区的盐业生产管理机构逐步健全，已经具备了接收并管理部分劳改罪犯的条件，所以"屯兵使者"这种军事序列的管理者就被撤销了。而山东登州沙门岛的情况一切照旧。也许，被分配到那里的罪犯级别更高，罪行更重，仍然需要有专门的管理者对其加以严格的监督和管束。

  与盐业同时发展的，还有海门岛上的渔业和农、副业生产。而这些都需要首先保证百姓生命和财产安全，才能做到安居乐业，使发展与扩大再生产不断得到所必需的人口繁衍和生产设施。这副担子就由仁宗至和年间（1054—1055年）海门县令沈起担当起来。南通州明清的州志与海门县志，都有他的小传：

  沈起，字兴宗，明州鄞县（今浙江宁波）人。进士。仁宗至和年间授海门知县。县负海地卑，风潮岁作，败民田舍，民多逃亡。起创筑捍海堤70里，又引江水溉田，民遂复业。海民德之，为立生祠，呼其堤曰"沈公堤"。御史中丞包拯举之为监察御史。

  沈起在海门筑堤障海、发展生产、造福百姓的典型事迹，很快流传到北宋首都开封府，被许多人传为佳话美谈。这引起了一位负责财经工作的朝廷官员的重视，他决定利用到淮南东路视察经济工作的机会,抽时间到实地考察一番,如果情况属实,就该宣传推广。这个人就是大名鼎鼎、以全面改革宋朝财政经济著称于史的王安石。

王安石(1021—1086年),字介甫,江西临川(今江西抚州)人。他出身于中下层官僚家庭。年十七八,即以天下为己任。宋仁宗庆历二年(1042年),时龄22岁中进士。先在朝里为官,不久被选派淮南为签书判官,转任鄞县知县。在任上留心民生疾苦,兴修水利,多次上书,建议兴利除弊,以舒民困。嘉祐三年(1058年),从常州知州调为提点江东刑狱,有《上仁宗皇帝言事书》,即后人常说的万言书,主张以效法"先王之政"的精神,对现实政治有所"改易更革"。嘉祐五年(1060年),由外官入朝为三司度支判官。

三司由盐铁、户部、度支三部门合并组建,是掌管统筹国家财政收支的机关,地位重要,权力很大。三司的首长叫三司使,地位相当于今天的副总理,盐铁相当于国家盐务总局,户部相当于农业部,度支相当于财政部。度支判官的官阶略低于今天的财政部副部长。

王安石应当就是在度支判官的任上,从京城来到南通州所辖的海门县,视察经济工作的。他首先受到时任南通州知州的热情接待。接待的具体内容不得而知,但有一条可以推断,就是知州陪同王安石游览了通州第一名胜狼山。长江入海口的浩瀚景观,给安石留下了极为深刻的印象,以致于他觉得以前走南闯北的江湖经历,比较这儿来都大为逊色。他的政治胸怀和远大抱负,只有这大江东去的雄伟景象,才能包容与象征。于是,他写下了历代《通州志》都辑入《艺文》卷的壮美诗篇《白狼观海》:

万里昆仑谁凿破?无边波浪拍天来。晓寒云雾连穷屿,春暖鱼龙化蛰雷。阆苑仙人何处觅,灵槎使者几时回?遨游半是江湖里,始觉今朝眼界开!

在狼山观赏万顷江涛之后,通州州官派人把安石送到了海门县。到海门,沈起已经不做知县,转到别处为官了。接任的知县接待了他。新知县领安石来到长达70里的"沈公堤"上,告诉他,这样巨大的水利工程,是怎样在海门这样的滨海贫困县里修成的。

原来,那时海门县境四面环海,靠海的农田大部分都是盐碱地,远离海岸的良田非常少,只有几里长的一隅之地。夏秋间风潮时常作祟,田园被海潮淹浸,潮退后一望都是淤泥。许多县民被淹死,田野里到处是漂来的死尸。侥幸活下来的,也都缺衣少食,啼饥号寒。可是朝廷下达的田赋还得照额征纳。人民既无法完纳田赋,又害怕官府责罚,许多人逃离家园,到别处谋生去了。

沈起到任后,了解到县民的苦况,请示上官后,特事特办,出榜宣布三条:一是适当放宽禁令限制,允许人民从事各种正当职业;二是凡是前定田赋定额过高的酌情减免;三是仍然无力缴纳赋税的,允许延期缴纳。亲朋故旧远近一传,逃亡外地的人户陆续回迁,海滨荒岛逐渐增加了人气。

要脱贫致富,必须有效抵御海潮。沈起温言好语动员民众,利用冬季农闲潮小,建筑拦海大堤。又制定了寓赈于工的具体办法,奖励参与筑堤的民工。成千上万的民工被动员起来。人们虽然穷饿疲惫,但是为了改善生存环境,都努力振作精神,撑持弱躯,奋力挑泥筑堤。一条委曲迤逦的环海长龙,就这样在一锹一锨一扁担一畚箕的积累中,神话般地成为了现实。它的长度刚好是范仲淹所筑捍海长堤的一半。

海堤筑成了,全局都主动了。沈起带领并指导县民,接着挑浚纵横县境、被潮灾淤垫的主干河道,疏通贯穿田园的支沟岔渠,趁南面长江涨潮时,打开河闸,引进淡水,灌溉田地,冲盐洗碱,使昔日瘠地都渐次变成了良田。田里收获了庄稼,人们日子过得好了。今昔对比,好比"出水火而登衽席",感动得不得了!沈知县调离后,父老乡亲们舍不得他,大家一合计,凑钱为他在县城东洲镇上建了生祠,来铭记他的大恩大德。

王安石看了长堤,听了介绍,心里很是感动。他觉得这样有头脑、有作为的知县,在全国还不多见,等以后抽个空闲儿,坐下来专门写篇文章,宣传推介这个循吏。

海门岛自唐五代以来,就是生产淮盐的所在。盐铁课税又是朝廷仅次于田赋的财政第二大收入来源,而王安石正是专职管理财政的。他想:既然来了,何不顺便察看一下在海岛上煮盐的人们,看看他们的生存状况是怎样的?

县官派人把王安石护送到县境所辖的一块岛屿上。它的具体位置不得而知,据推理应当在南宋绍兴年间淮南东路盐官与朝廷之间往来文书中被称为吕四港场(今启东市吕四港镇)的区域范围内。

王安石来得正是时候,正好碰上官府派人带船,来到盐岛征收已经煮成的食盐。他把在那里亲眼目睹的情况,随后写成了一首诗,标题就取名《收盐》:

州家飞符来比栉,海中收盐今复密;穷囚破屋正嗟欷,吏兵操舟去复出。海中诸岛古不毛,岛夷为生今独劳;不煎海水饿死耳,谁肯坐守无亡逃?尔来盗贼往往有,劫杀贾客沉其艘;一民之生重天下,君子忍与争秋毫?

吟咏诗句,我们看到这样的场景。在海岛的盐亭场上煮盐的,既有穷困的盐户,也有潦倒的囚徒。他们都居住在破败的草屋里,因为完不成官府确定的高定额,常常以泪洗面,长吁短叹。官府差派来收盐的官吏和士兵,驾驶着用于收集盐斤的船只,手里拿着通州官府下达的催促缴盐的文书,文书上贴着表示加急的标识。这些人一登岛,就大声吆喝全体煮盐人赶紧把煮好的盐斤过秤登记后往船上搬运。装满盐斤的船开走一只,紧接着又开过来一只,来来往往如穿梭，不肯让人松口气。像这样忙碌紧张的收盐场面，早先几年一年之中没几回，现在不知咋的，一年里头要来好几回呢。而且官府派来的人，还为了给付煮盐的微薄本钱，与盐户锱铢必较，乘机克扣。俗话说："民不和官斗。"盐户哪个敢据理力争？只有私下里哀叹："唉，这样重的定额，这样急的催迫，这样小的成本，真叫人活不下去啊！"

盐民与盐囚的苦难生活，引发了王安石的思考。他想：这些海中沙岛，原来都是寸草不生的无人区，有人来到这里开发煮盐，原本指望凭借精神力气，能够勉强混个饱、糊个日子。可是照这样子，活命度日还真不容易。不煎盐吧，只有饿死；煎盐吧，完不成定额，仍然填不饱肚子。哪个呆子肯坐在那里活活等死，而不向外逃亡呢？近来听说有好几处地方，发生了强盗抢劫客商、杀人沉船的案子，难道不是因为人民原来的生业不能养活自己和家小，被逼无奈走上犯罪道路的吗？君子为皇上治国理民，就该把每一个人民的生计看得比天下还重，哪能忍心为了偿付煮盐成本这样几个铜子儿，而与饥寒交迫的煮盐人斤斤计较吗？

王安石这一趟来到地处偏僻海滨的通州海门岛，观览海风，体察海民，收获十分丰富。地方长官虽然拿不出山珍来招待他，但是新鲜出水的海货，特别是号称"天下第一鲜"的文蛤（俗称车螯），却是管够管饱。这一点给他的印象很深。

回到京城开封，他赶紧写了推介沈起筑堤障海，因地制宜，兴修水利，发展生产的专文，题为《海门沈侯兴水利记》。在引经据典、叙述事迹之后，他深情地议论道：

兴宗好学知方，竟其学又将有大者焉。此何足以尽吾沈君之才，抑可以观其志矣。而论者或以一邑之善不足书之。今天下之邑多矣，其能有以遗其民而不愧于《豳》之吏者果多乎？不多，则余不欲使其无传也。

海门岛之行，使王安石得出这样的理念：与其向人民斤斤计较榨取，不如限制豪强、开发产业、增广税源，既能增加国家收入，又不增加贫民负担，对于王朝的长治久安更为有利。这个理念，对于他确立借助政策杠杆，改变积贫积弱，谋求富国强兵的改革思路，起了助推作用。熙宁二年（1069年），宋神宗越级提拔王安石为参知政事（副宰相）。以此为契机，王安石积极推行以增加财政收入为核心，全面改革宋朝经济、军事、文化的一整套"新法"。由于代表既得利益集团的旧党坚决反对、蓄意阻挠，他的新法推行很不顺利，加之天象为灾，改革效果不太理想。他个人的仕途也因此蹭蹬不顺，屡次被罢相，又屡次被起用，几起几落，最后不得不辞职退休，闲居江宁（今南京）。

在他主政改革期间，有一次，有人给他弄到一些文蛤。他在邀友共尝，再一次体验"天下第一"的海鲜之后，联想视察通州时享用海鲜的感受，写了一首《车螯》诗：

海于天地间，万物无不容；车螯亦其一，埋没沙水中。独取常苦易，卫生乏明聪；机缄谁使然？含蓄略相同。坐欲肠胃得，要令汤火攻；置之先生盘，啖客为一空。蛮夏怪四坐，不论壳之功；狼藉堆左右，弃置任儿童。何当强收拾，持问大医工？

诗写作者享用海区特产，感思哲理，谋划物尽其用。作为思想家和为朝廷理财的政治家，王安石与普通的美食家大不同，他想到的是吃完蛤肉，应当把蛤壳收拾起来，找机会请教朝廷里的太医，让蛤壳发挥作用，尽量减少浪费。他这还真的不是胡思乱想，因为车螯的肉和壳确实都可以入药。

元丰八年（1085年），神宗死，哲宗继位。由太后做主，任用旧党首领司马光为宰相。司马光上任后，立马宣布：新法一概废除，旧法全部恢复。王安石闻讯，忧愤成疾，次年病死，享年65岁。

王安石一生为实现政治理想而奋斗，公然宣称而饱受谪议为"狂言"的是三句话："天变不足畏，祖宗不足法，人言不足恤。"他把文学创作同政治活动联系起来,认为"文者,务为有补于世用而已矣","辞者,犹器之刻镂绘画也","要之以适用为本"(《上人书》)。他的诗文具有浓厚的政治色彩,直接为治国理民服务。他所秉持的重在"适用"的文学创作观念,也灌注在我们上面所引述的诗文中。

作为名列"唐宋八大家"的著名散文家,蜚声当代、扬名后世的大诗人、大词人,读者最为孰知的作品,是王安石的七言绝句《泊船瓜洲》。尤其那句先用动词"过",再改动词"到",最后定为动词"绿"的名句"春风又绿江南岸",玲珑精巧,诗意横溢,脍炙人口,是人能诵。只有南通地区的学人,有幸了解到:除了这些人所共知的名作以外,他还有不广为人知的七言律诗《白狼观海》这样气壮山河的雄伟诗篇!

直到今天,人们从现代海门人与崇明启东人在性格上的差异,还能依稀想见古代发配流放囚徒时,曾经从他们的性格差异上,对海门岛和崇明岛加以明显区别的踪影和痕迹。

号称天下第一鲜的海滩文蛤

利丰监名扬淮东

早在沈起筑堤障海、王安石莅临视察之前很多年,南通地区南部的煮盐生产已经发展到相当繁荣的规模,而至南宋则达繁盛的巅峰。

煮盐繁荣的原因是拥有得天独厚的地理条件。这一带地形地貌的母体,原为长江入海口广阔河床孕育生成的淤泥质沙洲群岛。南宋绍熙五年(1194年)黄河全流夺淮入海,则为淮南沿海、特别是南通一带海域江口沙洲的发育,输送着必不可少的巨量泥沙。积月累年,沙升水降,一望无际的沙滩在江海潮水退走之后,坦然裸露在光风霁月之下。亿万只江鸟海鸥,群飞翻舞于其上。它们从别处衔来了芦苇和草类的种子,借助阳光雨露的滋润,先是一丛丛,后是一块块,再后是一大片一大片的芦原和草荡,如同雨后春笋般,层出不穷,覆盖在这广袤的沙滩之上。就这样,沧海变成了沙田,荒滩变成了绿洲,以致于南通老城区所在的"胡逗洲",在中晚唐时航海家的眼里,特别是在日本遣唐使团成员的日记里,就直接叫作"南芦原"。

在成陆的沙岛上,岛人可做的生业,首要是煮盐,再次是捕鱼,其次是割芦贩草,复次是种菜长粮,而以贩草最容易,煮盐最赚钱。所以,自六朝起,在胡逗洲上,就有许多因为各种各样原因从外地迁徙而来的人群，在其上"煮盐为业"。后来，官府也看中了这一带周遭环水的好地方，源源不断地遣送流放罪犯，在荒岛上辟地建亭，煮盐赎罪。

盛唐开元十年（722年），为弥补财政亏空，朝廷在全国恢复征收盐税。到中唐"安史之乱"发生，历时七八年之久的平叛用兵，朝廷财政支出急剧膨胀，导致对制盐业产销税缉的管制愈加严格。胡逗洲上既然以煮盐为主要产业，自然须有盐务官吏加以管理。其时南通地区全境隶属广陵郡（今江苏扬州）的海陵县，所以就由海陵盐监派遣盐官驻扎当地，就近就便加以管理。这在日本国圆仁和尚的《入唐求法巡礼行记》里已有记载。

到了五代，南通地区先后隶属杨吴与南唐。适应统治范围缩小，边境防务加重，大批官员需要安置等情况，行政区域多有增设，南通地区南部的静海镇、东洲镇应运而生。与行政机构的增设相适应，继以军费开支的增加，需要大力扩展制盐规模，于是在盐务机构的分设上，永兴场等盐场机构相继设置。在众多盐场机构分设之后，为了加强统一领导，"东海都场"的机构应运而生。在五代十国50年间，世代统治南通地区南部的姚氏，在担当军政民政职务的同时，就兼任"东海都场官"的盐官。

到了北宋，由于宋太祖、宋太宗接续努力，汉唐版图大部恢复，全国政权重归一统。盐务作为支撑国家财政的支柱之一，得到整饬与加强。适应承袭五代而来的盐业生产规模，淮南盐政区域在既有的泰州海陵监、楚州盐城监的基础上，将"东海都场"升格为通州"利丰监"（史籍有时也写作丰利监），统一管辖今为南通地区南部的陆地与岛屿上的煮盐场所。

历史地理学家乐史编修于宋太宗太平兴国年间的大型地理总志《太平寰宇记》，在第130卷"淮南道八·泰州、通

州"里,特辟专节,对海陵监与利丰监进行具体介绍。关于利丰监的文字如下:

利丰监,古之煎盐之所也。国朝升为监,在通州城西南三里。管八场。

四至:东至大海一百八十里,西至泰州界陈堕港四十五里,南至大江口一十里,北至通州三里。

管八场:西亭,利丰,永兴,丰利,石港,利和,金沙,余庆。

户:管亭户一千三百四十二,计一千六百九十四丁。每丁岁煎盐九十担,岁收一十五万八百五石。

与对泰州海陵监所辖盐场只概略地提示"管盐场八:南四场,北四场",而没有具体罗列八盐场名称不同,这里具体罗列了利丰监所辖八个盐场的具体名称,却并未区分其东西南北的地理布局。推其原由,大概海陵监所辖区域,海岸呈北南东走向,岸线相对稳定,而盐场驻地分属南北两大块,其间有着明显的间隔:北属海陵县境(清乾隆三十二年析置东台县),南入如皋县境;而利丰监所辖区域,尚处在由岛变陆的发育过程中,海岸的走向纷乱,岸线的变动频繁,盐场驻所需要逐海取咸,并不长久固定。

事实正是这样。利丰监所辖八场中,只有石港、西亭、金沙、余庆四场(余庆场因区域广阔,在元代析为余西、余中、余东三场),因为沿北海湾的南缘(即胡逗洲、南布洲的北缘)分布,得以绵延存续数百年,直到清末民初自然消亡;而地处胡逗洲和南布洲南缘的永兴、丰利、利丰、利和四场,则因制盐的亭场连岛成陆、海岸东移,逐渐失去海水资源,丧失煎盐条件,而在南宋中叶归于消失。

据《太平寰宇记》所载,"利丰监"的机构是在"利丰场"的基础上,由场升格为监的。利丰场的具体位置,今已无考,推测应当在狼山附近。因为狼山直到北宋初叶仍在海中为山岛,尚未登陆,仍具有煎海水为盐的地理条件。有北宋诗人夏竦(984—1050年)17岁跟随做官的父亲到通州时写的《登通州狼山》诗为证:

渡口人稀黯翠烟,登临常怯夕阳天。残云右倚维扬树,远水南回建业船。山引乱猿啼古寺,电驱甘雨过闲田。季鹰死后无归客,江上鲈鱼不值钱。

由于这个缘故,凡来到通州利丰监做官的人,在史籍上记载时,常记为"监通州狼山盐场"。

使通常设置在州一级的盐监机构,驻扎在它所管辖的某所盐场,这样的现象,后来在明代中叶的正德十五年(1520年)也有过,而且成为定规,那就是把原来驻扎在扬州运司的泰州分司移驻东台场,原驻扎在扬州运司的通州分司移驻石港场。

不过,大概因为考虑到利丰监的级别毕竟凌驾于利丰场,两者是领导与被领导的关系,而且利丰监担当着管辖通属全部八所盐场产运销缉的责任,所以在太平兴国八年(983年),利丰监的机构人员就奉命搬出位于狼山左近的利丰场,移驻到与通州州官更近、距离州府衙门仅为4里路的通州城西南隅。

与利丰监一同设置的重要机构是通州盐仓,它有个专门的雅名,叫"永丰仓",寄托着盐官们对盐产丰盈、盐利丰硕的愿景。其职能是收存积贮利丰监所辖八盐场所煮的全部盐斤,然后按照朝廷随宜规定的销售价格,调拨给规定销区的官府,或发卖给商人贩运经销牟利。

为履行对所属盐场的生产管理,完成对各场所产盐斤的收贮、保管和发运,利丰监设置了相应的职能部门和官员。有"买纳官"负责出纳诸场盐课,有"催煎官"分掌诸场煎发,有"运盐官"负责运输袋盐输于仓内,有"监仓官"负责储存仓盐以备粜商,有"支盐官"负责审批盐引或掣验发售出去的袋盐。另外，还于各盐场设置"巡检官"，平时警察灶户私煎，起运盐斤时负责监督入仓。每逢运盐入仓时节，装运食盐的船队络绎不绝，蔚为大观。

宋初分天下为13道，利丰监与海陵监一样，隶属淮南道。太宗至道年间（995—997年）改13道为15路，两盐监同隶淮南路。神宗熙宁年间（1068—1077年）淮南路析为东、西两路，西路治今安徽凤台，东路治今江苏扬州，两盐监同隶淮南东路。从此直到南宋末年，历时200年，未再变更隶属关系。盐监隶属哪里，盐监官员的履职业绩就归哪里考核定等，然后奏报朝廷，由皇帝下旨奖惩，决定官职黜陟，俸禄升降。

太宗雍熙年间（984—987年），北方用兵抗辽，军费开支激增。朝廷要求大力增产食盐，扩大运销，多积财力，支撑战争。后因战力所限，心余力亏，统一天下、恢复汉唐版图的战争宣告终止。但是终北宋160年，东北抗辽，西北御夏，财力始终紧张，对产盐牟利的需求有增无减。及至南宋150年，统治半壁江山，官冗财蹙，更是把大力增加食盐产销定为聚财国策。

在此大语境下，通州利丰监和泰州海陵监一样，都为保障国家财政正常运转，发挥了非同一般的"正能量"，占据举足轻重的地位，从而受到朝廷和世人的关注：

《宋史·食货志》载北宋元丰年间（1078—1085年）淮南产盐定额："楚州盐城监岁煮四十一万七千余石，通州丰利监四十八万九千余石，泰州海陵监、如皋仓、小海场六十五万六千余石。"

《建炎以来朝野杂记》载南宋初叶各监盐额："淮浙盐额最多者，泰州岁产盐一百六十一万石，嘉兴八十一万石，通州七十八万石。"

《嘉靖惟扬志》载南宋乾道年间（1165—1173年）淮南

盐额:"泰州一百六十万石,通州七十八万石。"

石是中国民间计量容积的单位,每石50市斤。折合成今天的公制虽说只有区区几万吨,可是把这一数字与当时全国的人口来比较,并以相应的科技水平来衡量,这样高的盐产量已经算是辉煌的成果啦!

淮南海盐受气象因素制约,年成有丰歉,歉收时会直接影响朝廷的财政收入。北宋初叶,有一年通州各盐场歉后复丰,当时知利丰监事的监官刘式,写折子向朝廷奏报,宣称:"利丰监积盐复多,有司无术以御之。"积盐多到无从处置,这是怎样令人鼓舞的丰产和昌盛景象啊!

南通博物苑藏宋元煮盐盘铁(缪自平摄)

利丰监的机构,与北宋至南宋300余年间的国家政权相伴始终。公元1279年,元朝大军南下攻灭南宋,在原为南宋统治区域的扬州创设两淮运盐使司,起初沿袭宋朝盐务法制,利丰监、海陵监还曾延续了十多年。直到元世祖至元三十年(1293年),朝廷下旨"尽罢所辖盐司,以其属置场官"。

这样一来,盐监作为扬州运盐使与海滨盐场官之间的中转机构,就不复存在了。从设置到取消,利丰监拢共存在了333年。

岁月悠悠,天换地改。后来的人们,唯有从明清两代《通州志》里记录街坊的章节,或者在南通城区旧城改造之前,从悬挂在西门端平桥左近民居里巷砖壁上蓝底白字的"利丰坊"瓷牌上,去追寻这一段历史的踪迹。

陈晔创修《煮海录》

我们今天能够知晓泰州海陵监、通州利丰监、楚州盐城监在唐宋以来中国古代盐业史上的辉煌角色，幸亏有历代官修史书中专列篇章的《食货志》，那里面集中述评一朝一代全国经济，主要内容包括国策的制定与实施、各地物产、工商百业发展概貌，而田赋、盐铁、酒茶等与生财、聚财有关的行业，照例是叙述的重点。

历代除了官修的正史以外，还有民间文化人私修的野史、稗钞，那里面也会说到盐业的生产、管理；而尤重于对制盐工艺的记叙，则是它们区别于官修史书的亮点，可以补官书之缺失。

明清以来，说到盐业科普著作，人们耳熟能详的，是元代浙江天台人陈椿撰修的《熬波图》及其诗与说。其实，《熬波图》的修撰，却是受了南通地区先人撰著《通州煮海录》的启发，才得以编纂成书，并取得成功的。

有陈椿自己写的《熬波图序》为证：

> 浙之西，华亭东百里，实为下砂。滨大海，枕黄浦，距大塘，襟带吴淞、扬子二江。直走东南，皆斥卤之地，煮海作盐，其来尚矣！宋建炎中，始立盐监。地有瞿氏、唐氏之祖为监场、为提干者。至元丙子，又为土著相副管勾官，皆无其任者

也。提干讳守仁,号乐山;弟守义,号鹤山。诗礼传家,襟怀慷慨。二公行义,表表可仪。而鹤山尤为温克,端有古人风度,辅圣朝,开海道,策上勋,膺宣命,授忠显校尉、海道运粮千户。深知煮海渊源、风土异同、法度终始,命工绘为长卷,名曰《熬波图》;将使后人知煎盐之法、工役之劳而垂于无穷也,惜乎辞世之急。仆曩吏下砂场盐司,暇日访其子(讳天禧,号敬斋)于众绿园,尝出示其父所图草卷。披览之余,了然在目,如示诸掌。呜呼,信知仁民之心如是其大乎!抑尝观淮甸陈晔《通州鬻海录》,恨其未详,仅载西亭、丰利、金沙、余庆、石堰五场安置处所,捎灰、刺溜、澳卤、试莲、煎盐、采薪之大略耳。今观斯图,真可谓得其情备而详矣!然而浙东竹盘之殊,改法立仓之异,犹未及焉。敬斋慨然属椿而言曰"成先君之功者,子也。子其为我全其帙,而成其美"云。椿辞不获已,敬为略者详之,阙者补之。图几成而敬斋不世。至顺庚午,始得大备,行锓诸梓,垂于不朽。上以美鹤山存心之仁、用功之勤,下以表敬斋继志之勇、托付之得人也。有意于爱民者,将有感于斯图,必能出长策以苏民力,于国家之治政未必无小补云。时元统甲戌三月上巳天台后学陈椿志。

  关于《通州煮海录》及其作者陈晔的资料,目前知道的,就只有此文所说的一鳞半爪。反复咀嚼文字,借助推理和想象,我们可以大致勾画出陈晔首创修撰盐业科普志书的艰辛过程,并评估其深远影响。

  陈晔是淮甸人。"淮甸"不是具体州县,而是地域名。西北到淮扬,东南到通如,都属于淮甸范围。但从他在《通州煮海录》中,把"淋灰取卤"的工序称为"澳卤",这与现今如皋、海安一带农民把栽插稻秧之前放水浸沤土地、用牛耕地漫田称为"澳田",有相似之处。所以把陈晔的家乡看作是在北宋时期的海陵、如皋一带,应该"七不离八",大致不错。

陈晔是一位有着怎样身份的人？他应当是通州利丰监的主官，或者至少是佐贰官，否则，他不可能有条件采集为撰写包括整个利丰监所辖各盐场在内的一方盐行业志书所必需的全部地理资料与工艺数据。考虑到此书撰成之后，得以单独出版印行，并因被藏书家收藏，而流传200年进入元代，我们宁可相信陈晔是在担任利丰监主官的期间完成这项编著出版工作的。因为雕版印刷需要昂贵费用，不是一任主官无权调拨钱财用于出书。

陈晔是在什么时候写的书？首先，比较他的《通州煮海录》与乐史的《太平寰宇记》，人们发现利丰监所辖盐场由《太平寰宇记》里的8个，减少为《通州煮海录》里的5个，这提示是在利丰场、利和场、永兴场裁废之后的年份，原因是利丰场在狼山，永兴场在狼山北，利和场在狼山东，随着胡逗洲与南布洲更加紧密地靠拢，海水不再流达，已经失去煎盐所必需的咸潮。其次，与《太平寰宇记》里一样，《通州煮海录》里也没有说到吕四盐场，这提示隶属于海门岛的吕四场，那时仍是供朝廷官府流放罪犯煮盐赎罪的海岛，尚未与西边的胡逗洲陆地涨接，因而其上的煮盐活动还没有纳入属于民营盐区利丰监的管辖范围。再次，宋神宗熙宁八年（1075年），朝廷为记录本朝以来百年地理与人文的巨大变迁和进步，已经启动了后来因为成书于元丰三年（1080年）而取名《元丰九域志》的地理总著的编纂，盐业作为国家财政的重要支柱，盐监作为与地方州县官府并列的系统，与在《太平寰宇记》里安排的一样，具有独立而单列的地位；编修《通州煮海录》的直接动因，应当与国家编纂《元丰九域志》，盐政上级索要利丰监暨所辖各盐场有关地理历史资料有关。较之北宋大科学家、政治家沈括（1031—1095年）在润州（今江苏镇江），编著大型科普著作《梦溪笔谈》，陈晔编撰《通州煮海录》，当属同时代前后而成书较早。

那么,陈晔为何要修成体系完整的盐行业志书,而不是仅仅按部就班、按图索骥,只向上级提供其所要的数据,就聊以塞责、草率完事呢?也许,因为他身处行业之内,亲眼目睹盐业极端重要,而外界了解甚少,需要世人增进对它的了解;也许,他看到制盐劳动特殊复杂,需要有人把生产过程和工艺流程具体记载下来;也许,他看到盐民们劳动负荷繁重、生活极其艰苦,而又不为外人所知,需要引起朝野各方知晓,进而采取体恤盐民、促进生产的措施;也许,他体悟到"谁知盘中盐,粒粒皆辛苦","谁知盐中利,点点皆血汗"的哲理,需要警醒世人,让他们倍加珍惜。

要创始盐行业的专业志书,不是一件轻而易举的事。虽然陈晔与那时代许多盐务官吏一样,已经通过了科举考试的历练,具备了驾驭复杂题材编纂成书的本领,但是,具体撰修成书的过程,仍然充满了困难和挑战。

那时通州利丰监经由历史淘汰而硕果仅存的盐场,有石港(雅称石堰)、西亭、丰利、金沙、余庆五个,它们就像洒落在淮东海滨沙滩上的一串珍珠,星罗棋布地分散在北海海湾的南岸沿线。各盐场平时很少见到来自通州的官人到临,所以陈晔的到来令他们感到意外、新奇和高兴。陈晔询问他们什么,他们就会向他提供什么,只要是他们知道的,都会"知无不言,言无不尽"。各盐场催煎官领着陈晔来到盐场的生产区域,盐民们三三两两、七嘴八舌地介绍指点,有的还实地演示给陈晔看,让他了解怎样开辟亭场,怎样构筑灰坑,怎样挖掘卤井,怎样凿治卤池,怎样引海纳潮,怎样削土取咸,怎样晒土成灰,怎样聚灰成堆,怎样担灰入坑,怎样淋灰取卤,怎样移卤入池,怎样培植草荡,怎样斫芦割草,怎样捆运柴薪,怎样起盖灶屋,怎样铸造盘铁,怎样砌灶承盘,怎样验卤咸淡,怎样输卤入盘,怎样燃火煮卤,怎样冒热铲盐,怎样堆盐滤卤,怎样运盐入仓,等等全部生产工艺操作流程,使陈晔知晓了原来海滩煮盐还有这样一系列、一整套的大学问。在各盐场采访调查的短暂日子里,他与基层盐务官吏同忧戚,特别是与广大盐民同哀乐。饱经风霜的长者,向陈晔讲述了从祖辈口耳相传的关于通州煮海为盐的历史传说;衣不遮羞的孩童们,把穿着体面的陈晔当成了仿佛从天上掉下来的神人。从黑红黑红的脸庞,陈晔看到了盐民们夏秋煮盐劳动的繁重;从粗糙皲裂的手足,陈晔想象到盐民们四季削土晒灰的辛劳;从草籽充粮的饭食,从衰朽破败的茅屋,陈晔看到了盐民们蛰居海滨的生存苦难,这还没包括夏秋季节长江口区通常会有的台风狂雨带来暴潮海溢时所造成的生命浩劫。

莅临各场、深入海滩的一次次采访,使陈晔的心灵受到震撼和洗礼。他觉得作为一方盐务主官,有责任把这一切编入书中,公之于民间,流传后世。这种责任感和事业心,后来演变成了一种义不容辞的人生使命,支撑着他充分利用一切可能利用的公务闲暇,把所见所闻的事象变成了雕版行世的志书。

依凭陈椿《熬波图序》的提示,参考乐史《太平寰宇记》关于盐监的介绍,对照陈椿《熬波图》的目录,我们可以复原陈晔所撰《通州煮海录》的体例框架和内容梗概:

一、序言,介绍通州煮盐历史,利丰监的沿革,全监辖境的四至八到,所管各盐场名称,所管盐民户口总数,所管各盐场每年产盐定额,以及全监各盐场每年须向淮南东路发运使缴纳的盐斤总数,等等。

二、分别介绍利丰监所辖全部5个盐场,西亭、丰利、金沙、余庆、石堰每场一节,内容项目与对利丰监的介绍大体雷同。

三、在《太平寰宇记》"泰州—通州"章概略介绍"刺土产盐法"的文字基础上,根据自己实地采访、耳闻目睹的材料,比前人更具体、更详实地介绍淮盐煎煮工艺的流程。具体分为削灰、刺溜、澳卤、试莲、煎盐、采薪六节。

四、杂记,把实地采访和翻查史书所得的有关通州盐业的地理、经济、历史、人文、民俗、传说等方面的素材,加在一块儿,分门别类,择要罗列,以飨读者。

从文脉传承上看,《通州煮海录》是从《太平寰宇记》的盐业专节到《熬波图》系统专书之间的历史过渡,它开辟了编撰盐行业专业志书的先河。说到中国专论盐业的典籍,好多人都知道春秋有《管子》的《海王篇》,汉代有桓宽的《盐铁论》,但是,它们都未涉及具体的盐场和实际的制盐工艺。所以陈晔的《通州煮海录》在编撰盐行业的专业志书上,具有里程碑式的首创意义。可惜其书于明编《永乐大典》、清纂《四库全书》之前早已亡佚不存!但这并不妨碍他在中国盐业文史的脉络传承上享有重要地位。陈晔、陈椿,这两个姓陈的大文士,一前一后,成为中国盐行业典籍历史源流中的两颗亮星。

自从陈晔开辟了盐官编修专业志书的先河,后世有志盐官见贤思齐,历代继作。明弘治二年(1489年)有徐鹏举草创《运司志》(未成),嘉靖八年(1529年)有朱廷立自纂《盐政志》。此后纂续盐志渐成风气。自明弘治至清光绪400年间,两淮盐区作为全国首屈一指的大盐区,曾经7次修纂盐法志书。告成者计有:明弘治《两淮运司志》,明嘉靖、清康熙、清雍正、清乾隆、清嘉庆、清光绪《两淮盐法志》,明天启、清康熙《淮南中十场志》,清嘉庆《两淮通州金沙场志》《吕四场志》,洋洋大观,堪称中国古代盐文化史上一大盛事。余波影响所及,全国各大盐区跟进学样,纷纷编修自家盐志,所谓"两淮之盐法定,而天下之盐法准此矣",盐志文化由此成为中国庞大的志书文化的灿烂分支。

陈晔修志的雅事,距离我们已经有千年之遥,但他留给后代有志盐官以有益的启示：一是要立志有为，以文存史；二是要政文兼顾，不以政废文；三是要见机而作，借机修书；四是要承前启后，填遗补缺；五是要锲而不舍，观成始休；六是要筹资出版，面世流传。

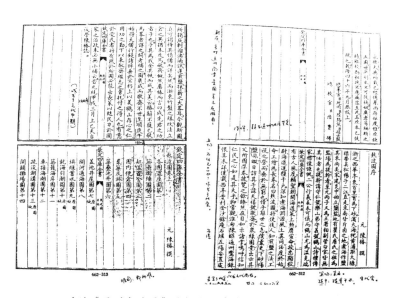

追溯《通州煮海录》的熬波图序（南通市图书馆藏）

通州以盐闻天下

北宋淮甸人陈晔在中国盐业历史上最早撰修盐行业专业志书,为通州先人在盐文化的建树上拔了头筹,博了头彩,是为可缅可怀。

其实,在中国古代的历史地理上,不止一个地方叫通州,也不是两个,而是有三个地方,都曾以"通州"作为自己的名字。而唯有长江口的南通州,得以盛产优质淮南煎盐,而在宋代成为闻名遐迩的聚财州郡。

最早出现的一个通州在四川。南北朝时期北朝的西魏废帝二年(553年),改万州(治石城县,与今重庆市的万州区名同地异)为通州。隋大业三年(607年)改通州为通川郡。唐武德元年(618年)改通川郡复为通州。天宝元年(712年)又改通州为通川郡。乾元元年(758年)再改通川郡复名通州。北宋乾德三年(965年),改通州为达州。清嘉庆七年(1802年),改达州为绥定府。1952年改为四川省达县专区,1993年更名为达川地区。2000年撤地建市,这就是现今川东北的达州市。

接着出现的通州,就是咱们这个通州,现在的名称是"南通市"。它的得名是在五代后周显德五年(958年),改静海军置通州,辖静海、海门两县。元代一度升为通州路,不久复改通州。明代属应天府。清代升为直隶州（直属江南—江苏省，级别略次于府），管辖通州本部及如皋、泰兴等一州二县。因直隶顺天府也有一个通州，民间习惯上把咱这个通州称为"南通州"，后来县市名称中的"南"字，即来源于此。

第三个出现的通州是在现在京、津、冀接壤的地方。那里在西汉时建为路县，东汉时改名"潞县"。金朝的海陵王天德三年（1151年），增置通州，以潞县为驻所。明清属顺天府。1913年改为通县。1958年由河北省划归北京市。1997年改设通州区。为与南通州相区别，民间习称"北通州"。这就是今天首都的东大门北京市通州区。

四川的通州得名之由，是因为万州地处渠江航道，为"交通四达"之地；北京的通州得名之由，是因为潞县处在京杭大运河的北口，是大江南北"漕运通济"的起点；而咱这个通州得名之由，是因为长江三角洲"通江达海"，北可上鲁冀，南可下吴越，西可溯江而达湖广川蜀，东可浮海而通辽粤及外夷。而且在周世宗为南通州定名时，应该还寄托着他由此进发，可以通达江左岭南，实现全国大一统的战略愿景。

咱们这个通州，在建立之初，确实不为外人所知。因为一来建置偏晚，二来地点偏僻（抗战时陈毅将军称为"牛角梢"），三来没出啥惊天动地的大事儿，四来没出啥闻名雷耳的大人物。直到北宋以后，这种默默无闻的状况才发生了重大变化。变化的关键，就是通州的食盐产销。

通州这地方，因为是长江、淮河、海洋交互作用导致泥沙淤积，而从大海中历经千百年孕育逐渐涨出，所以多的是沙滩，多的是草荡，多的是河汊。因为地当中国南北之中，宜于人居，人口密度高，有的是人力。因为海就在家门口，引海纳潮方便，制盐取材的资源富足。因为处于地球的中纬度，日照充足,气候湿润,有利于晒灰取咸。因为草荡随处皆有,夏秋煎卤成盐,有足够的燃料,不像川滇井盐,不愁卤而愁柴。因为河网密布,煎好的盐斤能够迅速集散,运销四面八方。《宋史·食货志》所谓"盖以斥卤弥望,可以供煎烹;芦苇阜繁,可以备燔燎",是说得极其中肯和非常到位的。

关于宋代通州生产食盐的具体产量,史籍上的记载不是很多,而且留存下来的数据,都是朝廷下达的年度产量定额。实际上,海盐是露天生产,年成丰歉变动的幅度还不小呢。因为缺乏实录,今已无从稽考。据《太平寰宇记》所载,利丰监在北宋初期的产盐定额是每年150805石(每石50斤);《宋史·食货志》载北宋元丰年间利丰监产盐定额是每年489000余石;《建炎以来朝野杂记》载南宋初年利丰监产盐定额是每年780000石。加上"耗盐"(每正盐1石纳耗1斗)、余盐(丰年超产的盐)等额外煎炼纳官的盐,实际上的产盐量远远不止此数。

这样多的盐产量,在当时的生产力水平下,已经是相当辉煌的业绩了。在全国海盐产区的"监"一级机构中,排名仅次于泰州的海陵监与浙西的嘉兴监,位列第三,而与嘉兴监的差距甚小。终宋一代,淮东通泰盐区经常是盐产量"最为浩瀚"的所在。南宋孝宗淳熙十一年到十四年(1184—1187年),通泰盐壅积达275万余石!而在北宋仁宗明道二年(1033年),时当范仲淹兴复捍海堰之后,淮南通泰盐积贮待销的存量竟然多达1500万石!以至于参知政事王随专摺奏请:要求在行销淮南盐的江、浙、荆、湖广大销区,停止官销,暂行通商。

宋代的盐销区分为官卖区和通商区。大致上沿海为官卖区,内地为通商区;乡村为官卖区,城镇为通商区。在官卖区域,由销区官府派衙前、厢兵或征用民夫,从产区把盐运来自家州县(称"官搬"),然后由州县官府置场或设铺出售,所赢利润由转运使综合平衡后,报中央计省备案,作为一年度地方官府正常运转的经费。在通商区,由商人从产区购盐,运到销区,自行设店销售。太宗雍熙二年(985年),北方用兵,为解决沿边军需供应急难,朝廷令商人输纳粮草到边塞(称"入中"),按路途远近从优折算价值,发给交引作为凭券,商人持赴京师,官府按券面价格偿付现钱,或移文江、淮、荆、湖,给其领盐贩卖;因贩盐利厚,商人不愿领取现金,都愿意领盐贩销牟利。是为"折中法"。仁宗庆历八年(1048年),范祥创行"钞法"。徽宗崇宁二年(1103年),蔡京改良钞法:商人在沿边"入中"粮草,而欲折买盐茶交引的,赍边郡官给文钞,至京师榷货务买钞所,翻换盐茶交引,往指定盐场领取茶盐,于指定州县贩卖。是为"引法",沿用于南宋。

为防范弊端而订立的严密的盐法程序和行销手续,催生了相应繁复的官府盐政机构驻扎通州。巨量的盐斤贩销交易,为通州经济和社会的繁荣,带来了"三百六十行"同时并举的历史商机。盐政官府需要办公场所,盐商代理人需要租住房屋,带来了建筑业、房屋租赁业和不动产买卖业的需求;大量外地盐商纷至沓来,带来了酒店餐饮业、旅馆住宿业的需求;大宗盐货的交易,带来了钱庄业、典当业、捐客业、搬运业、航运业的需求;盐商的奢侈生活,带来了土产百货、日用杂货、南北货、浴室洗澡、剪头理发、剪裁缝纫、抬轿推车、唱戏演艺、武术杂耍、青楼赌博、写信咨询、古董字画、郎中卜筮等五花八门生活服务业的需求,以及婚介丧葬、接生保育、书塾教授、园林游览、驿站邮递、镖局保卫、禅林寺庙、诉讼仲裁等其他衍生需求。于是工、商、建、运、服各业,"一荣俱荣"地连锁发展起来。近人管劲臣所撰《南通历史札记》里,有《掘港旧貌》一篇,记述如东县掘港镇正是依靠掘港场盐业产销带来的商机,把昔日的滨海渔村,建成了淮东边陲的军事政治重镇,百业兴旺、市面繁荣,俗有"小扬州"雅号,直到抗战期间成为如东县城。其明清繁华景象,俗有"一关二典三街四坊五堂六庵七官八台九桥十庙"之目。由此可观旧时各盐场盐课司所在地城镇街市规模的梗概,同时也可看成南通州以盐兴城的缩微"镜像"。

中国古代重农抑商,盐商虽然生活优裕,但是社会政治地位低下,所以盐商大多"在商向儒",对文教事业的助推,对文明风气的助长,是通州食盐产销促进城市发展的亮点。北宋政和二年(1112年),通州送到朝廷里参加科举选拔的人,连中10名进士,时人号为"利市州"。而文人墨客们也都以通州文教兴盛为荣,津津乐道,见诸诗文。这可从宋时通人所撰对联窥斑见豹。载于《舆地纪胜》和《方舆胜览》的有:

"鱼盐之利,富商多集;弦歌之学,章甫亦众。""以诗书之富变鱼盐之业,以洙泗之风易淮海之陋。""通川名郡,淮甸奥区。""左临淮甸,右控海沂。""弹压江流,堤防海道。""富商丰鱼盐之利,章甫喧弦诵之声。""岂特富鱼盐之利,抑将资保障之雄。""通浙并淮,昔宦游之乐土;控江濒海,今备御之要津。""有煮海摘山之大利,当航川梯峤之要津。""盐醝转饷,岁益于商缗;薪粲论输,日交于吏案。""土风淳厚,人自足于鱼盐;吏隐丰余,地不惊于烽燧。""海堤功著,想范文正之遗风;道院名摽,追陆左丞之故事。"

宋代通州以盐盛,这一点在元明时代已成文人共识。例证是明武宗正德十三年(1518年),来通州担任知州的夏邦谟,他所写的《初到通州》诗:

扁舟东下驻行旌,问俗方谙父老情。汉代提封元到海,宋家郡县始知名。烟开吴岳晴光荡,水接淮流暮浪平。文物南州惟郁郁,愧无才略树芳声。

到了明代中后叶，由于抗击倭寇袭扰的需要，朝廷在通州狼山设置军事重镇，驻扎分守通泰州参将（后称提督狼山副总兵），在各盐场屯兵设寨，与来犯倭寇展开了历时数年的拉锯战，产生了可歌可泣的民族英雄，保卫了以扬州为中心的东南财赋宝地。这时，通州的地位就更受朝野重视了。南京刑部尚书王世贞，在为万历丁丑《通州志》作序时，深情地写道：

古益部有通州，而幽、扬部无通州。自扬部之通州出，与幽部之通南北对峙而两，而益部之通废。扬部之通，其始仅一盐官地，稍稍进为州……以逮我明三百年来，盐盐之利衣食江南北，而其设险置兵、控扼吴楚，屹然一重镇矣！

正如扬州繁华以盐盛，在唐代赢得"扬一益二"的美誉，通州因为盛产优质食盐，而从北宋时代起，知名朝野，享誉天下。王世贞的序文对三个通州的兴起做了比较，而将南北通州相提并论。也许为了呼应他的观点，民间传说中有副楹联，说出了相似的意思：

"南通州，北通州，南北通州通南北；东典当，西典当，东西典当典东西。"

一个城市的知名度和美誉度，与它自身经济社会的发展度和对国家全局的贡献度成正比。唐宋以来，淮南盐在科技生产上的领先发展和对国家财政的卓越贡献，使国人凡是说到盐业必然说到淮南盐，说到淮南盐必然说到通泰州。这正如改革开放前，中国各地以对国家财政贡献多少而排的座次一样，提到财力大省必然提到江苏，提到江苏必然提到苏、锡、常、通"四大名旦"（省长顾秀莲给的昵称），正是古今同理。

"地不吝宝，人不惜才"，一个城市的盛衰，是人事与自然的交互作用。古代南通州以盐兴盛闻名的实例，是天时、地利、人和合力作用的结果。俗话说："时势造英雄。"

英雄之所以成功，其主观努力为根本内因，但时势提供的机遇舞台，则是造就英雄的先决条件和必要前提。正如时代造就人一样，时代也造就城市。时代主题不同，相应繁盛的城市也不类同。可资印证的实例不胜枚举：

　　古老的池盐造就了山西运城，繁荣的井盐造就了四川自贡，淮盐的兴盛造就了江苏扬州，大军屯垦造就了新疆石河子，知青扎根造就了江西共青城，石油会战造就了黑龙江大庆，航天发射造就了四川西昌，经济特区造就了广东深圳。

　　一座城市的兴衰，归根到底是历史的产物。人类力量这只看得见的手，时代演变这只看不见的手，共同缔造和变幻着人间奇迹。例如，古代主要交通途径是河道，由此造成滨江临河的城镇因为"商旅通便"而繁荣。可是进入现代，陆空交通取代水路舟楫，原来临水的"通"，随之演变成陆空的"塞"。这是时代不可阻挡的前进脚步使然。人们唯有顺应时势，与时俱进，才能紧跟时代，造就新的地理产业优势。

宋代《本草》海盐生产图

草灰淋卤产盐佳

都说宋代300年间,通州以盐盛,这话一点不假。这其中,煮盐工艺技术的改进,贡献了重要份额。今天的人们都明了"科学技术是第一生产力",其实,这一点在古代南通煮盐工艺的进步中,也得到有力印证。

汲海煮盐,看上去没多少复杂窍门,靠的是经验积累和临场掌控,所以它的工艺技术演进的节奏非常缓慢,每迈上一个新台阶,都要以花费数百年时间为代价。这一点,使处在科技革命与知识爆炸时代的人们感到奇怪。伟人说得好:"当今时代,新东西层出不穷。现在的一年,抵得上古老社会一百年,甚至几百年。"

夏商周时代乃至春秋战国,那时是直接煎炼海水为盐,一边烧火一边续水,煮盐器用的是陶罐。2008年山东寿光发现商周煮盐遗址,出土了众多的陶质盔形器,可资印证。

到了西汉,仍是直接煎炼海水为盐,煮盐器用的是巨型铁锅,官府给它取了专用的名儿,叫"牢盆"。官府招募逃离农业的游民,自带生产用具和生活用品,在官府构筑的设施里,用官府提供的"牢盆",煎煮海水为盐,盐交官府统一收购后,煮盐人从国家粮仓里领取相应的粮食,作为对从事劳役的酬偿。

直接煎炼海水为盐，费草费时，效率很低，不能充分利用资源。虽然海水取之不尽，煮盐用的燃料——荒滩草荡当时也不稀缺，但总是要凭人工砍斫运取。所以寻求效率较高的生产方式，一直是西汉以来盐业生产者的共同心愿。这种高效率的方式，在南北朝时的江淮盐区，终于成为现实。

受沙滩在日晒后生出盐霜的启发，从南北朝时起，江淮盐民发明了开辟亭场、削泥晒咸，然后淋卤煎盐的新生产方式。从此，"挚货盐田"出现在宋人鲍照的《芜城赋》里；而更完整的"漉沙构白，熬波出素；积雪中春，飞霜暑路"，则写进了宋齐间人张融的《海赋》。因为产盐工艺依赖亭场取咸为基础，所以产盐的场所也有了自己专有的名词，叫作"盐亭"或"盐场"。例如，阮升《南兖州记》里，说"南兖州（侨治扬州）沿海有盐亭一百二十三所"。

又是300年过去，到了盛唐天宝十四载（755年），"安史之乱"爆发。平叛需要治军，治军需要备饷，备饷资于财政，财政资于盐赋。于是，重点发展江淮地区盐业生产成为国策的首选。煮盐器的革新成为必要，比"牢盆"规制更为巨大的"盘铁"应运而生。盘铁厚重难热，每一举火，通常需连续煎烧半个月以上。

盘铁规制巨大，由多块合并组成，铸造时分块铸造，保管时分户保管，使用时拼凑成盘，生产时大众集体操作，场面蔚为壮观，既提高了效率，又防止了私煎。可是新的问题接踵而来：如果每次入盘煎烧的，不是随心任意的卤水，而是一律的高咸度浓卤，那该节约多少柴草，省减多少人工，增产多少盐斤啊！

于是，测试卤水咸淡的方法应运而生。江淮盐民发明投放石莲子（越冬沉池的老莲籽，其坚如石，入水必沉，唯煎盐卤能浮之）10枚于卤中，尝试盐度厚薄：10枚全浮者则卤水极咸，可全收盐；如5枚浮者，则卤水浓度减半，收盐亦减半;如仅3枚以下浮者,则卤水浓度不够,不宜入盘煎盐,须待重新淋咸取卤。据北宋初年人李昉《太平御览》引晚唐人刘恂《岭表录异·野煎盐》时所加的注:"江淮试卤浓淡,即置饭粒于卤中,粒浮者即是纯卤也。"其实,底层灶户在手头没有石莲子的时候,随手用家里母鸡下的蛋,置于卤中,察其浮沉情形,也可测知咸度七不离八:如鸡蛋有半个露出卤面则浓度最高,浮于中层浓度尚可,浮于中层以下则卤淡不可供煎。

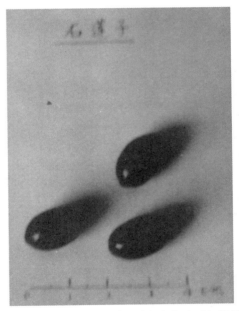

煎盐测试卤水浓度的石莲子(省盐志编写组提供)

南宋孝宗淳熙年间(1174—1189年),江淮盐民进一步改良石莲试卤的办法,创制专用器具名曰"莲管",系截竹管一段,用以盛装预先在淤泥中浸过的四个不同等级的石莲子各一枚。此法比散撒10颗石莲子测卤的方法更进一步,可精准确定被试卤水实际咸度处在哪一等级,这样盐民就可以

选用完全合规的熟卤煎盐,省时又省工,出盐率比原来增加一倍。莲管的制作方法,载于元代江南松江人陈椿的《熬波图说》:

　　管莲之法:採石莲,先于淤泥内浸过;用四等卤分浸四处:最咸麸卤浸一处(第一等),三分卤浸一分水浸一处(第二等),一半水一半卤浸一处(第三等),一分卤浸二分水浸一处(第四等);后用一竹管盛此四等所浸莲子四,放于竹管内,上用竹丝隔定竹管口,不令莲子漾出。以莲管汲卤试之,视四管莲子之浮沉,以别卤咸淡之等。

　　制盐由煎水变成煎卤,煮盐器由牢盆改成盘铁,入盘煎烧的卤水由淡卤变成浓卤,经历南北朝、唐至南宋初年,其间750年,淮南制盐工艺历经重大变革,科技含量提高到前所未有的水平。之后还有什么需要加以改革,以提高制盐的产量和质量?

　　《南通盐业志》第28章《杂记·遗闻轶事》第12条,载有《吕四贡盐又一说》:

　　淮南制盐利用煎,煎需卤,卤需淋。淋卤之法,唐及北宋皆用削土淋之,见《太平寰宇记》。元以后皆用草灰淋之,见《熬波图》说。然灰淋之法始创于何时何地,史籍无载。相传吕四场从前亦以刮削海滩咸土淋卤,而灶膛烧盐草灰大部倒弃,仅留少许贮缸中,加水搅拌后澄清,用于洗脚或洗衣。某日,一年青灶丁因厌倦劳作而故意恶作剧,竟将一盆洗过脚的缸水倾入正在煎沸的盐镢中。岂料镢中沸卤因掺和了缸水中的碱分,所成盐色反较常盐愈益晶莹洁白。灶长禀报场官,场官兀自不信。亲至灶下复试之,果然。遂令该丁为灶长,即在全场推行灰淋之法。由此本场盐色胜于淮浙各场,号为"真梁",列为贡品,专供皇家食用。故老口口相传如此。推原其始,当在南宋。

　　原来,宋代一所盐场分为10个灶区,每个灶区分辖若干灶户。除了集体聚煎时用盘铁产盐外，同时也有各家各户用一种叫作"镬子"的大锅分散煮盐的。而伟大的发明，就发生在地处范公堤东南末梢的偏僻的淮南吕四盐场。

在这里煮盐的灶户，最早大概都是朝廷流放来煮盐赎罪的"死缓"罪犯。他们脑筋聪明，思维活络，遇着不顺心的事儿，有时也难免耍点儿古怪的"犟脾气"。这脾性也遗传给了南宋时代吕四场的盐家后生。

确实也难怪人家要发脾气。你说，吃没好的吃，穿没好的穿，春夏秋冬重复着千篇一律的晒泥淋卤，皮肤被海风糟蹋得黑红黑红的，没个正经后生的长相，窘困得连讨个老婆都难。尤其盛夏酷暑，在灶屋里煮卤煎盐，那可真不是人过的日子！清代淮南安丰场有个名叫吴嘉纪的诗人，写了首《绝句》诗，那真是说尽了亘古天下煮盐人的苦处。诗里写道：

白头灶户低草房，六月煎盐烈火旁。走出门前炎日里，偷闲一刻是乘凉。

要不是天生的苦命，要不是没有其他活命的办法，谁来海边盐场过这遭罪的日子？一辈子生活在这样的环境里，哪个青年人会有说话的好声气和做事的好心情！

所以，长辈煎盐他洗脚，消极怠工。不仅如此，还存心恶作剧，洗完了脚，又把满是脚气泥污的洗脚水，倒入正在沸腾的铁镬里。在老实巴交的长辈灶户看来，这玩笑也开得太过分了。要是事情败露，便是犯了杀头之罪，谁都知道，吕四场的煎盐是专供皇帝和他的家族食用的，自古以来就是这样传来着。叫皇族的御膳用他的洗脚水来调味，亵渎皇权到这样地步，那还不是闯了弥天大祸！

所好歪打正着，因祸得福，缸水里草灰的碱分增强了盐锅里成盐的质地与色泽，一场虚惊就此化险为夷。

其实草木灰里的碱性有利于结卤成盐的道理，生活里真

草灰淋卤产盐佳

有印证。笔者小时候生在江南农村，每逢立夏母亲清洗蚊帐，她先把蚊帐放在洗澡用的长腰大木盆里，用竹篾制的簸箕盛满灶塘里的稻草灰，浇水过滤，用过滤的水浸泡蚊帐，然后命她的儿子用脚踩踏。这样洗的蚊帐，就地取材，既省钱又方便又干净。故乡的姑娘和妇人，还有用围篱的紫荆树叶，加水揉搓成透明的液，用来洗头美发的，应该也是同理。

　　这样的发明也只有在淮南通泰盐区能够做得到。因为这里多的是湿地草荡，所以煮盐用的柴草取之不尽，摊晒用的草灰也就用之不竭了。

　　草灰掺和海滩咸泥晒灰淋卤煎盐，成为宋元以来江淮一带海盐生产的独特方式。这样生产出来的盐，色泽白里透青，入口余味含甘，而且质地致密结实，单位比重超过其他盐区的盐品。以至于明清时代，在全国食盐中淮南盐最抢手，占有销区最为广大（湘鄂西皖，业内人习称"扬子四岸"）。而在淮南盐中，南通州的吕四、余东等场的盐最抢手，原因是这里的盐质量好，色味俱佳，卖起来畅销，且有史料为证。

　　明人宋应星《天工开物》曰："凡盐，淮扬场者质重而黑，其他质轻而白。以量较之，淮场者一升重十两，则广、浙、长芦者只重六七两。"

　　清末民初人张謇《张季子说盐》曰："吕四之产，昔人所谓色味甲于天下者也。"据日本工师调查，中国"他处所见为至白之盐，才及日制之中下"，唯独吕四场"捞盐之色莹洁可及日本制"，"至余味含甘，则日产所无，赞为独绝"。

　　淮南盐发展到宋元之际，工艺技术已经成熟，此后再难发生大的突破。明神宗万历四十五年（1617年），袁世振创行"纲法"，食盐销售归盐商个人世代垄断，煮盐生产变成一家一户分散生产。不再需要盘铁，改为锅镬，类似宋代的"镬子"。晒灰和测卤办法则沿袭宋元不变。

自元代后期闽人用土池晒海水成盐的方法传入河北长芦，到明代中叶，经由鲁盐转递，土池晒法传入淮北盐区。此后，淮南煎盐虽然继领风骚300年，但淮北晒盐日渐风行，到新中国成立后完全取代淮南煎盐。其间淮南煎盐虽然仍有许多小的技术革新，但已无力回天，只能无奈地走向衰微，直到进入历史的博物馆。

淮南盐民是聪明、勇敢而善于创新的群体。在中国2000余年古代海盐发展史中，如果说，由于夙沙首创海盐、管仲首创盐政，春秋战国之前是山东鲁盐捷足先登，走在海盐科技的前头；那么，由于刘濞、刘晏这两个刘姓人热情推助，奠定了坚实的基础，从汉唐直到明清，淮南盐就后来居上，一直走在全国海盐科技进步的前列。许多创新工艺，常常是在淮南先试先行，然后流传其他海盐产区。有《太平寰宇记》和《熬波图说》为证。且看《熬波图》第36"铁盘模样"：

方盘虽薄容易裂，圆鑊虽深又难热。不方不圆合而分，样自两淮行两浙。洪炉一鼓焰掀天，收尽九州无寸铁。明朝火冷合而观，疑是沅江九肋鳖。

先进的科技发明，能够几倍、十几倍甚至几十倍地提高煮海为盐的工作效率。淮南煎盐的长期兴盛，固然是以广大盐民的辛勤劳动为根本基础，盐政当局的适当管理为必要条件，而盐业科技的发明创造则是发挥了关键性的促进作用。

回望历史，人类在以叹美眼光看待自己的科技进步时，总是不满足于既有的科技水平，总是在向着生产的广度、深度和高度不倦攀登。农工商百业是这样，盐业也是这样。

一位禀性淘气的年青人，一起看似偶然的突发事件，扬弃旧事物，创造新事物，不知不觉中，古老的煮盐工艺向前迈进了一大步。这留给人们很多回味与思考。

铁钱石的来历

宋代通州以盛产优质煎盐闻名天下，整个城市的发展繁荣都被带动起来了。同其他城市相比，通州的特点，也是通州的优势，是它地处海角天涯，用抗日战争时陈毅将军的话说，是一个"牛角梢"。"牛角梢"的好处，一是濒临海边宜于产盐，二是不在水陆交通要道，不属兵家必争之地。所以搞经济、筹财政的人看重它，谋军事、争天下的人忽略它。所以它宜于人居，远离兵火，宋代人甚至给它取了个好听的名字，叫作"崇川福地"。

其实，远离兵火，不等于隔绝兵火。在干戈遍地、烽火连天、天下大乱的年代，通州也遭遇过战争，甚至是惨烈的屠城。

南通博物苑是中国人自己创办的、最早为公众服务的博物馆，它的特点是张謇私资创办，博物和园林有机结合。所以名字不叫博物馆，也不叫博物院，而叫博物苑，这在全国很特别。在这所博物苑里陈列的藏品中，既有表明南通是古代淮盐重要产地的出土文物，也有证明古代南通曾经遭遇兵火洗劫的出土文物。

表明古代南通盛产食盐的，是濠南别业南边林荫道一侧草丛里的8块煮盐盘铁。表明古代南通曾经遭遇惨烈战火的，是博物苑展厅玻璃橱柜里的2块铁钱石。

在南通老城区出土铁钱石，有过两次，一次在明代，一次在现代，两次的规模都不算小。现代的一次是在1989年。目击者的记录和有关学者的考证是这样的：

1989年3月，南通房地产开发公司对孩儿巷以南、世灯庵以西居民旧房成片改造，开挖花园角2号楼地基，地下60厘米处挖出氧化铁钱堆块，人称"铁钱石"。地下埋藏总体积10×5×1米，估重10吨。嗣建临街营业房，地基下又挖出体积稍小铁钱石数吨。红锈土层中见已朽苇编芦笆残痕，即当时堆钱所用底垫。钱石表面及碎裂处可见钱纹为折十、当五、折二，年号多为崇宁、大观、政和、圣宋通宝，属北宋徽宗时通行制钱。工期紧，未作进一步考古挖掘。出土钱石由南通博物苑收藏。今人傅南考证，铁钱埋入地下原因是北宋末年金兵南侵，防其掳掠。旋金兵陷通，焚劫去。当时经手人或死或逃，埋钱事遂不为后人知，历久氧化成石。埋藏至出土历862年。

关于明代的一次，规模比现代的一次更大，唯因年代久远，500多年过去，史籍记载不甚具体：

南通最早出土铁钱石在明代，地点与1989年同。清康熙《通州志·桥梁》："西门外……曰铁钱桥，石有钱纹。今废。"其石残部后为南通博物苑藏。民国三年《博物苑藏品名单》"宋铁钱石"注："旧铁钱桥在城西南小沟上。沟久湮废。苑于清光绪末取桥石来，地在世灯庵巷南，世灯庵僧所赠。当属其残。"铁钱桥后演变为"铁星桥"。

出土的铁钱石的规模之大和硬度之强，达到了能够横跨河沟做桥梁的地步，可以想见明代发掘通州旧城区铁钱石的场面是何等壮观！

对于铁钱石的来历，《南通盐业志》编者做了如下分析：

1993年房地产公司在出土铁钱石邻近地段建花园角15号、23号楼，地基下挖出一深6米、宽30米地下河道，淤泥中偶见锈蚀铁钱,经考证为古代盐仓码头与通向西龙王庙河连接通扬运盐河的故河床。推知古盐仓当建于今任港河与此被湮没于地下的河道之间一东西向狭长地块上,面积约1.5万平方米。据宋《太平寰宇记》、明弘治《两淮运司志》,宋时通州设利丰监,置永丰仓,收纳灶户输盐,兼向运商售盐,故有巨量铁钱存积以备周转。由宋历元至明,通州盐仓颇甚兴旺,明嘉靖十六年(1537年)两淮巡盐御史陈蕙,曾于此筑坝掣验淮南20场引盐开江运赴湘鄂西皖各口岸。宋灭,利丰监不存,有"利丰坊"地名延续于后。明灭,通州盐仓不存,有"盐仓坝"地名延续至今。

　　北宋初年,国家规定通州利丰监每年的产盐定额是150805石(每石50斤),加上"耗盐"(预纳补贴储运环节损耗的盐)、"余盐"(完成正额之后增产的盐),实际产量远不止此数。到了北宋中后期的元丰年间(1078—1085年),也就是编撰《资治通鉴》的司马光接替王安石当宰相主政的前后,通州利丰监每年的产盐定额是489000余石,已是北宋初年的3.24倍。而到了宋朝皇室南渡之初的建炎年间(1127—1130年),通州利丰监每年的产盐定额是78万石,已是元丰年定额的1.6倍,北宋初额的5.17倍。

　　这样多的食盐,按照当时的运销体制,都要用船从州境海滨的各个催煎场集运到通州买纳场(买纳是收购储存的意思),储存在建于通州城的永丰仓里,等待各路客商手持在边塞纳粮、在京城折换的引票,前来领盐贩运牟利。

　　那时廷臣蔡京已然革新食盐的运销体制和程序,创行了通行后代800年的引票制度。具体手续如下:

　　北宋政和三年(1113年)蔡京创行引法:仿东北盐区用官袋装盐,官袋限用一次,禁止再用。每袋限定斤重(300斤),封印为记,一袋为一引。编立引目号簿,每引一号,前后两券,前券为存根,后券称引纸。商人缴纳包括税款在内的盐价,领取盐引及合同递牒。官府先期差官发送钞引号簿往产盐地主管盐司，候商人赍引及合同递牒到场，场官将盐引、合同递牒与号簿勘合照验，核实无伪，然后支发盐斤；每二十袋则行折验（掣验）一次，仍将合同递牒及引纸给商护运。引分长引、短引：长引行销外路，限期一年；短引行销本路，限期一季。到期则须缴引，若盐未售完，即行毁引，所剩之盐没于官。引实为一种新的盐钞，但在原来盐钞作为取盐凭证基础上增加了官许运销食盐执照的性质，并在行销出售制度方面更为严密，盐引的批、缴、销毁均有规定手续，是为钞引法。

　　那时，与中原北宋王朝并列的，西北方有西夏，北方和东北方先有辽、后有金。西夏是党项族的政权，辽是契丹族的政权，金是女真族的政权。女真族是满族的祖先，所以后来满族人建立的清政权，在未入关之前，被史家称为后金。

　　女真族是勇悍尚武的民族，所以金朝国力强盛时，曾一再南侵。它甚至还扶植过一个由汉人当"皇帝"的傀儡政权，作为它日后南下攻宋、夺取南中国的跳板，史家称为"伪齐"。伪齐的当政者是刘豫，建都大名（今河北大名），后迁汴京（今河南开封）。

　　据说，金朝统治者之所以想要南侵，还与我们熟知的一首长调词有关。它就是北宋以写情词闻名于世的柳永所写的那首描写杭州风景人文俱美的《望海潮》：

　　东南形胜，江吴都会，钱塘自古繁华。烟柳画桥，风帘翠幕，参差十万人家。云树绕堤沙。怒涛卷霜雪，天堑无涯。市列珠玑，户盈罗绮，竞豪奢。　　重湖叠巘清嘉。有三秋桂子，十里荷花。羌管弄晴，菱歌泛夜，嬉嬉钓叟莲娃。千骑拥高牙。乘醉听箫鼓，吟赏烟霞。异日图将好景，归去凤池夸。

　　这首词当时轰动一时，到处播唱得厉害，一直流传到北方的金国。那时正是完颜亮为帝（1149—1160年在位，后因荒淫无度被贬为海陵王），他听唱此词，欣然有慕于"三秋桂子,十里荷花",遂起投鞭渡江之志。他的"投鞭渡江",对于南国的人民,当然就意味着战乱和逃难了。

这当然只是宋人罗大经在《鹤林玉露》里记载的词林逸事。其实,金人南侵与传唱柳永的《望海潮》词没有多大关系,而是当时宋金之间政治、经济、军事、文化多重因素和各种矛盾交织作用的结果。

南宋建炎年间(1127—1130年),久违的兵火终于降临到通州人民头上。这时,历经"靖康之难"的北宋王朝,已然呈现风雨飘摇态势。徽宗和钦宗父子两代皇帝,因为首都汴京陷落,而被金国军队俘虏,押往北方的金国上京(今黑龙江阿城),北宋王朝就此谢幕。徽宗儿子之一的赵构,率领部分皇室成员和朝廷官吏,从开封仓皇南逃扬州。在大臣们"国不可一日无君"的劝进下,于逃亡路上在商丘即位做了南宋王朝的开国皇帝,年号建炎。

建炎三年(1129年),正是天下大乱、兵荒马乱的年代。金兵乘胜南侵,大兵四出南下,从中原到关中,从江汉到江淮,到处硝烟弥漫。宋高宗从扬州渡江过镇江,一路南逃,一口气奔到杭州,才在那里临时安置下来。积弱的宋朝军队,除了岳飞、张浚、韩世忠等坚决主战并进行积极抵抗的部队以外,也有相当多数量的部队,将领腐败、士兵怯战,他们临战纳降,望风弃城。还有的甚至趁火打劫,摇身一变,背宋叛国,干脆打着金军旗号,伙同揭竿而起的土匪强盗,到处攻城略地,大肆抢劫国资民财。史载当年春二月,趁金兵进犯扬州、泰州之机,于癸酉日攻击通州城的靳赛,应该就是这类角色。

金国有个骁勇善战的猛将,名叫完颜宗弼,俗称金兀术。高宗建炎三年冬十一月,就是他领兵进犯江淮江南,一路势如破竹,扫地卷席,直到占领临安府,把宋高宗赶到了浙东海岛上。第二年春二月金兀术退兵回归北方,宋高宗才得以重回杭州。他所筹划的,不是抗金,而是派遣使臣,带上向金国称臣纳币的文书,赶趁宋军在西北大破金军的胜利之机,缔结和约,西以秦岭、东以淮河为界,金宋休战。由此开始南宋以半壁河山绵延150年的不无尴尬的历史。

在此休战之前的建炎四年(1130年),也就是靳赛劫掠之后的明年,通州经历了真正的金军入侵。那时,楚州、扬州、泰州先后陷落金人之手。冬十一月丁巳日,驻守通州的南宋守将兼知州吕伸弃城逃遁。这件事明白记载在《宋史·高宗本纪》里。可见即使在当时,通州的陷落也不是无足轻重的小事,因为宋朝最富庶的盐监之一利丰监在那里,而永丰仓里积贮的钱财足够现在办一家资金饶裕的银行。

当时通州城内外经历了怎样惨烈的杀戮浩劫,史籍无记,应该是无人传递文字信息到京城史馆所致。可以想见的是:在"崇川福地"里住惯了的通州居民,在敌人大兵压境而守将先遁之时,是怎样的惊惶、恐惧、慌乱和绝望。金军没有遇到有组织的抵抗,如入无人之境,像虎狼扑入羊群一样,骄横纵欲,见房就烧,见人就杀,见女就淫,见财就抢。到处是烟火,满目是焦土,遍地是血腥,四面是死尸,日夜是哭喊。

而闻听兵临城下的利丰监暨永丰仓的盐务官员们,所能做的其实很有限。如同今天面对歹徒持枪抢钱的银行职员,他们的选择只有一个,那就是尽自己所能,保护国家财产不受或者少受损失。于是在利丰监官一声号令之下,无论是买纳官还是运盐官,无论是监仓官还是支盐官,牵连而至帮工、家属,所有能利用的人都被动员起来。他们掘成了一个又一个硕大无比的大坑。接着在坑塘的底土上铺垫一层用芦柴编织的席子。这种芦席在仓监里多的是,原本是用来苫盖在监仓围院的空场上像埃及金字塔似的一个挨着一个的露天大盐廪的,现在正好派上用场。铺垫好芦席之后,接着就是用大筐抬钱，一筐一筐地倾倒在坑塘里。这些钱是在销售盐斤时，从遍及大江南北的各地客商那里收取而来，原本一部分要用于收购盐斤时支付给盐民，作为继续煎盐的本钱，其余大部分则要运送给朝廷的度支部，用于开支国计军饷。

铁钱石（南通博物苑藏）

他们抬了一筐又一筐，多到无法计算总共抬了多少筐。这样巨大的工作量，他们应该不是从金军兵临城下才开始的，而是在金军进犯扬州、泰州，预料战局对宋军不利时，就已经着手进行了。终于，埋藏这如山、海量、巨额钱财的大工程完成了。而与此同时，大批金军士兵已然踏进了利丰监和永丰仓的院落。抵抗也是徒劳，连宋军的将士都无能为力，人们能指望以称秤和打算盘为长技的盐监官员们做些什么呢？于是，人们都被杀死了，房屋全部烧成灰烬，倒塌的砖块梁柱和焦土瓦砾重重地覆盖在已被严实埋藏的海量金钱之上。不仅满朝的文武官员无从知晓它的埋藏地点，就连民间以胠箧盗墓为职业的人同样一无所知。因为在异族士兵的肆意屠戮之下，参与其事的全部知情者没有人能够侥幸存活下来。

　　这应该就是这批为数巨量的宋代铁钱能够安全埋藏几百年，直到年深日久氧化成铁钱石之后，才被世人偶然发现的原因。

　　作为安静地躺在南通博物苑橱窗里的展品，铁钱石向人们默默地诉说着南通州在那遥远的过去，曾经历的战火的伤害。它们同时启迪后人：

　　"您可以不喜兵，但应该知兵；您可以不好战，但应该能战；您可以不上沙场，但应该尽职尽责。"

文天祥海角勤王

就在南宋王朝持续发展沿海制盐生产的同时,一个北方游牧民族正在强劲崛起。它就是后来建立横跨欧亚大陆巨型国家元朝的蒙古族。它先是联手南宋灭掉了南宋的老对头金国,占领淮河以北的中国,接下来谋划攻灭南宋。与元朝国力日渐上升恰成对比的是,南宋国势日渐衰微,军力下降,版图日蹙,积弊积弱,朝政腐败与官员懈惰并行。此消彼长的结果,是南宋王朝的谢幕渐行渐近。这也促成一位丹心照史的人物与南通盐区结缘。

南宋度宗咸淳三年(1267年),蒙元进攻中原与江淮之间的战略要地襄阳,并进围樊城。两军展开长达五六年之久的殊死争战。由于元军围困坚固,宋军救援无果,城中弹尽粮绝,咸淳九年(1273年),襄樊会战以宋败元胜宣告结束,元军由此打通了攻灭南宋的战略通路。

次年,即南宋度宗咸淳十年,元世祖至元十一年(1274年),世祖任命伯颜为左丞相领河南等路行中书省,率20万大军大举攻宋。是年九月,各路人马集结襄阳,分军三道并进,伯颜与平章阿术领中路。

十月,因宋军郢州(今湖北荆门,在汉水北)石城坚固,元军绕出,南下攻陷沙洋镇、新郢城(在汉水南)。十一月,复州（今仙桃）降元。十二月，元军前出到汉口，战舰万计，骑数十万。攻阳罗城堡不下，溯江西上40里，强攻并占领青山矶。顺流而下，激战攻陷阳罗堡，宋守军崩溃，死伤数十万。鄂州守将欲迎战，被焚战舰3000艘，于是鄂州（今武昌）、汉阳、德安（今安陆）皆以城降。元留兵4万南向规取荆湖，主力沿长江水陆东下。

南宋恭帝德祐元年，元世祖至元十二年（1275年）春正月，黄州（今湖北黄冈）、涟水（今江苏涟水）降。蕲州（今湖北蕲春）、江州（今江西九江）、安庆（今安徽安庆）相继降。二月，池州降。

南宋当朝宰相贾似道遣使请求增贡岁币，归还已降州郡，元廷以大军既已过江拒之。贾似道调兵13万、号称百万，战舰2500艘，两军对阵于芜湖江面。元军骑兵夹江东进，炮声震百里。宋军阵怯，将帅先遁，士卒奔溃，元军追杀百五十里，宋兵士溺死无算。随后攻陷太平（今安徽当涂），而无为、镇巢（今安徽巢湖）、和州（今安徽和县）相继降。元大军前出到建康（今江苏南京）。

三月，元军攻陷建康。镇江（今江苏镇江）降，宁国（今安徽宁国）、饶州（今江西上饶）陷，滁州（今安徽滁州）降。

九月，元军攻陷淮安（今江苏淮安）。十月，围困扬州。十一月，元军三路进军临安（今浙江杭州）。左路出江阴，右路出四安，中路出常州，水陆并进，伯颜仍居中路。宋元激战于常州，宋军败绩而常城陷落，元军屠其城。

十二月，元军进驻无锡。宋廷遣使乞和，伯颜拒之：要么效"吴越王纳土"，要么效"李后主出降"，且有语谓："尔宋昔得天下于小儿之手，今亦失于小儿之手，盖天道也，不必多言！"同月，平江（今江苏苏州）降，湖州（今浙江湖州）陷。宋廷复遣使乞修子侄之礼，纳币媾和，无应。

南宋恭帝德祐二年，元世祖至元十三年（1276年）春正月，元军进至嘉兴，南宋守将以城降。宰相陈宜中遣御史奉宋帝称臣表约降，临期陈宜中不至。元军随后由崇德（今桐乡）、经长安镇、临平镇，进驻皋亭山。山高百丈，在杭州东北、余杭西南，为临安府制高点与防守要隘。至此，元军数十万兵临南宋都城。

宋主遣使奉降表并传国玺入元军请降。伯颜受玺，召宋宰臣出议受降事宜。而陈宜中趁隙，挟宋之益、广二王由钱塘江入海南遁，遗留谢太后及幼主于宫中。宋廷新任文天祥为右丞相兼枢密使，领使臣到元军行营商议息兵罢战。

文天祥（1236—1283年），字履善，号文山。南宋江西吉水人。年20登进士第一。累官直学士院，知赣州。家素饶裕，恭帝德祐元年元师渡江东下，文天祥奉诏勤王（起兵救援王朝），斥家资在赣州募义军得2万人，提兵入卫临安。友人劝止说："现在元军三路进兵，势如破竹，你用万把人的乌合之众御元保宋，这同驱群羊搏猛虎有何区别？"文天祥说："我何尝不知此理？只是国家养育官民三百余年，一旦有急，征天下兵，竟无一人一骑应召入都，我恨的是这个！所以不自量力，以身殉国，希望天下忠臣义士会有闻风而起的。义胜者谋立，人众者功济，兴许就能保住大宋半壁江山社稷，也未可知。"

文天祥在元军营，犹思以口舌之辩存宋社稷。伯颜怒，认为文天祥有异志，释参与议降各宋臣皆许归去，独令羁留文天祥，不得放归。天祥数请归，伯颜笑不应。

元军占领临安城，遣散文天祥所募义军2万余人，即以宋幼主及太后手诏，遣使执而招降浙东西，两浙诸府州并以城降。二月，举行宋廷投降仪式，簿录军民钱谷，阅实仓库，收百官诰命、符印图籍，悉罢宋官府各机构。分遣新降宋官，招降湖南北、两广、四川等地南宋未下州郡。

二月癸卯日，宋太后命吴坚、贾余庆、谢堂、家铉翁、刘坚与文天祥并为祈请使,杨应奎、赵若秀为奉表押玺官,北赴元上都请命。戊申日,吴坚等发临安。在一行人路过镇江时,文天祥与其幕客杜浒等12人,趁夜黑元军看押士兵困倦,悄悄潜出军营,由镇江雇船摆渡过江,逃到真州(今江苏仪征)。

那时真州还在南宋手里。守将苗再成出迎。在都城陷落、狂澜既倒时刻,见到文丞相,苗再成又是高兴又是流泪,说:"两淮的兵力足以保宋不亡。只是两位大帅不和,不能劲往一处用。"文天祥问:"事已至此,具体怎样办,才能保存宋朝呢?"苗再成说:"我想好了,先约淮西的宋军进攻建康,元军必然全力阻挡他们。这时指挥淮东的宋军,以通、泰兵进攻扬州东郊的湾头,以高邮、宝应、淮安兵进攻扬子桥(江滨要津,在江都),以扬州兵进攻瓜步洲(在邗江南,大运河入江处),我用水师直捣江对岸的镇江,约期同日大举。驻扎湾头和扬子桥的元军,都是沿江招募的脆兵,不经打,而且原本是宋人,日夜望我师来到,攻之即下。瓜步洲是元军的重要据点,大家从陆上围攻它的三面,我从江中一面进逼,它的守将神通再广大,也逃脱不了败局。瓜步既克,然后以淮东兵入京口(今江苏镇江),淮西兵入金陵(今江苏南京),截断逗留浙江元军回到北方老巢的归路。这样,元军大帅伯颜可以手到擒来!"文天祥连声说好,立即以当政宰相名义,提笔给淮西、淮东的宋军大帅写信,要他们求同存异,共赴国难。苗再成张罗分别派出信使,四出约期举事。

正在此时,苗再成部下有要事密报。原来,就在文天祥到达真州之前,已有被元军击溃的宋军士兵从江南逃回扬州,他们带来了骇人的传言,说是元军"派了一位宋朝丞相,秘密到真州劝降来了"。明摆着是无稽之谈,或者是元军的"离间计"!可是战情复杂,一时又无从核实。

奉命固守扬州的南宋大帅是淮东制置使李庭芝。他是随州应山（今湖北广水）人。史载他对淮南盐业多有贡献：

理宗开庆元年（1259年）主管两淮制置使事。时扬州新遭火，庐舍尽毁，赖盐为利，而亭户多亡去。庭芝悉贷民负逋，借钱使为屋，屋成又免其借钱。经一岁，官民居皆具。又凿河40里入金沙、余庆场，以省盐斤车运；兼浚其他运河，且放免亭户负盐200余万。亭民无车运之劳，又得免所负欠，逃亡者皆归复业，盐利因以大兴。

奉命守卫扬州期间，他激励士卒，坚城固防。临安陷落，他两次拒绝了以谢太后名义下达的劝降诏。后来城中粮尽，弃城转战到泰州，拟突围入海，被元军所俘，押回扬州，不屈被杀。

庭芝也是文笔起家、进士及第，后来城破身殉，也属精忠报国。只是他赋性刚强，肚量不宽，文天祥虽贵为宰相，却一向不为他所容。本来对逃回士卒的谣传还半信半疑，现在得报文天祥真的到了真州，他竟然认定文天祥就是元军派出的"探子"，即刻传令苗再成杀害天祥。苗再成是李庭芝的部属，军令如山，怎能不从？但他不忍心文丞相死在他这儿，左思右想，想出了两全其美的招儿。他谎骗文天祥说："请丞相随我到城外视察营垒，激励士卒，加强城防，如何？"文天祥不知是计，欣然同行。来到城外，苗再成出示李庭芝杀害文天祥的手令，不容争辩，随即关闭城门。

这样做了以后，苗再成内心难安。思来想去，派出两拨人马，暗中跟踪文天祥，窥视他到底有无劝降举动，授权跟踪人："一旦发现有人劝降，就地格杀勿论！"两路人马分头与天祥搭讪交谈，天祥无一言涉及纳降偷生，知其忠义，不忍杀。苗再成得报，随派兵士20人，为文天祥引路去扬州。

真州距扬州40里，文天祥等人一直走到鼓打四更，抵达扬州城墙脚下。引路兵士掉头回真州复命去了。四更天，城门紧闭,离守门军人打开城门还早,但是已有起早进城办事的人们,陆续聚集在城门吊桥前,等候开门入城。

等候进城的人们,腿闲嘴不闲。只听有人在议论临安陷落的事,说是已经投降的谢太后母子,就要被元军的伯颜丞相押送到元人的上都去,来显示元兴宋亡。还听有人悄悄谈论,说是李庭芝大帅听说文天祥来为元军说降,紧急下令,严密戒备,只要谁人看见文丞相,必须立马举报,捉拿处死。

闻听此言,文天祥一行人相顾吐舌。扬州城里肯定进不去了,下一步该往哪里走呢?大家合计:要兴复大宋,必须追随南下闽粤的益、广二王;而从扬州入海的通道在通州。所以决定,为了向南,先须向东。通如一带还在宋军手里,只要到达通州,一切会有办法。方向既定,文天祥一行加快步伐,迎着太阳升起的方向,一直向东走去。

文天祥知道,元军在占领临安都城之后,正在向两淮地区进攻或逼降,大拨的元军骑兵移师淮东,成批的宋军摇身变成敌人,必须随时提防。

果不其然,走着走着,远远望见一队元军骑兵从东面疾驰而来。要是被发现,立马会被他们的马刀劈成两半。见路边有一所被兵火烧得只剩四围土墙的民房,大家急忙躲进去,蜷伏在低矮的土墙后面,屏声静息,谁也不敢动弹。直到大路上听不见马蹄声,确认元军的马队过去之后,才慢慢从土墙后面爬出来。原来,不仅李庭芝要捕杀文天祥,首要的是元军在追杀文天祥。他们深知文天祥一旦逃脱意味着什么。他们也深知文天祥逃亡的路线,一定是从淮东出海去浙东。所以号令扬州以东各地布下天罗地网,志在必得捕杀文天祥。

大路不能走了。姓名也得改,不能再呼文丞相,改称做生意的老板。要命的是好久没东西下肚,饥肠辘辘,浑身没劲,软绵绵的打不起精神,站都站不稳。这样下去,不被元兵捉去杀死,也得活活饿死。好在遇到一群打柴卖草的人,他们与打柴人好言商量:"我们是外乡人,语音不通,能不能帮忙到哪里买点儿吃的?"打柴人说:"前不着村,后不着店,到哪儿买吃的?我们随身带的糁儿粥还剩下一些,如果不嫌吃剩的,都送给你们。"

吃光了糁儿粥,有劲了,继续向东走。走到一个叫板桥的地方,突然遇到一队迎面而来的元军步兵。大家躲避不及,急忙闪进附近一处茂密的竹林里,分散伏在不同的地点一动不动。眼见对面有人躲进竹林,元兵先是在竹林外面大声吆喝,见没动静,就向竹林里放箭。跟随文天祥的虞侯张庆,眼睛中了一箭,身上中了两箭,忍痛不敢声张。见还没动静,几个元军士兵就钻进竹林搜人。竹林并不大,很快,文天祥的门客杜浒、金应被搜出,被元兵带走了。文天祥因为躲的地方隐蔽,侥幸逃过一劫。在被押解而行的路上,杜浒、金应对押解士兵说:"你们要找的是文丞相,我们只是做小生意的。要不,这点儿钱,就孝敬弟兄们买点酒喝?"说着就解下身上全部银钱递给士兵,士兵掂量着银钱,仔细端详确实不像海捕文书上文天祥的模样,乐得顺水推舟,就放了他俩。

白天走路容易遇上元兵,尽可能夜行晓宿,或许安全些。有一天,也是凑巧,碰到几个结伙到城里卖草回家的高邮(今江苏高邮)农民。文天祥思量:追寻二王需要向东出海,而那里现正兵戈丛集,容易遇到元军。不如且先向北,那里相对安宁,然后寻机东去。

文天祥出身富贵,在声色车马中长大,从没走过这么多的路,脚上起了血泡,走路痛得厉害。于是,由杜浒、金应出面,出钱招募两个农民,用他们卖草空余的大筐,抬着文天祥,来到高邮稽家庄,也就是卖草人的家乡。村里听说来了操江南口音的陌生人，都很好奇，纷纷前来看稀奇。在围观的村民中，有个名叫嵇耸的，心想：现在兵荒马乱，商旅阻绝，谁还有心思做生意？他们应该不是寻常人，弄不好会有大风险！连忙热情邀请文天祥一行人当晚就到他的家里歇宿。

文天祥等人应邀来到嵇耸家里。用饭之后，嵇耸问明了客人下一步想要去的地方是泰州。既为客人担忧，又为自家担心，一夜没敢合眼。天一亮，他就派儿子德润，用自家的渔船，把文天祥一行，连同他为客人准备够吃几天的干粮，一起送到了泰州。

文天祥一行下船，千恩万谢，拜别德润，德润驾船回家去了。从泰州走陆路向通州，得经过姜堰、白米、曲塘、海安、如皋等城镇，那里现在都是战区，很可能遭遇元军。文天祥博览群书，通晓史地，熟知淮东里下河是全国知名水网地区，为了运输盐粮方便，河道四通八达。于是决定还是走水路。就出钱另雇商船，以做买卖的名义，沿着运盐河（今称通扬运河）继续向东行进。沿途可见盐河两岸，不时有元军马队巡逻。遇有元军吆喝讯问，都由船家出面回答。所幸应答允当，未引怀疑，否则后果就不堪设想了。

战乱岁月，船家胆小怕事，昼航夜宿，走走停停。前后经历20余天，船家把文天祥一行送到如皋东乡（今江苏如东）范公堤下。一是航路到了尽头，二来船家不愿继续冒险，结算了运脚银钱，船家就告辞返回。这20多天，时时担惊受怕，不是人过的日子，追捕文天祥的骑兵，不时就在岸上与天祥坐的船同向伴行。有好几次，元军差点儿就要上船来搜人啦！

尤其让人后怕的是：有个名叫朱省二的汉官，新近投降蒙元，受命做了如皋知县，而文天祥一点不知晓，还以为如皋仍在宋军管辖下。载有文天祥一行的船，为了东去掘港场

（今如东县城），竟然毫无防备地从如皋城边的运盐河里经过。事后听县民说到新任的元朝知县，文天祥这才后怕当时真是没魂大胆，分明是自家往敌人虎口里送啊！

　　如皋县境已归元，元军的马队每天在范公堤上往来巡逻。而文天祥要到通州，必须沿范公堤向东南行进。有一天，眼看就要与元军遭遇，而旷野无处藏身。正在窘迫之际，有个名叫张阿崧的盐户，住家就在范公堤边。他走出家门，翻越范公堤，去亭场晒灰煮盐，看见了正在危难之中的文天祥。虽然没学过相面，但他从外貌气质和言谈举止上，一眼看出文天祥不是寻常老板，便主动招呼，挽留他们住到自家的茅草屋里。一连住了五天，每天用盐家饭食尽力款待。有邻居传说如皋知县朱省二追捕文丞相的人马已经跟踪而来，文天祥也以"生意要紧"执意辞别。张阿崧不便久留，就给文天祥和他的随从都戴上当地人用芦柴编织的斗笠，借以遮掩面孔，派自己的两个儿子，打扮成走亲眷模样，既是领路，又是护送，把文天祥一行人送到通州地界，叮咛拜别而回。

　　通州仍是南宋的地盘。知州杨思复先已接到扬州李庭芝的通令，听报文丞相来到，下令守城将士不得开门接纳。这虽然是天祥预料到的，但还是让他深受打击，一行人只得在通州城外叹息徘徊。不久，新到的敌情通报递到杨知州手里，上面说镇江正在满城搜捕文丞相，这才认定李制司的通令是误信谣传，立即下令打开城门，亲自到城外迎接文丞相。他把文天祥安置到州城中最好旅馆，又张罗压惊洗尘。这一天是南宋恭帝德祐二年（1276年）农历三月二十四日。

　　文天祥在通州休整了20来天，天天谋划怎样入海南下追寻二王、兴复南宋的事。期间因水土不服，门客金应一病不起。时当战争，随便选了通州城西门外一处叫雪窖的地方，草草下葬。想到他千里追随，历尽艰辛，文天祥痛心不已，特为他赋诗两首,将诗稿焚化在雪窖墓前。金应将军的墓后来迁葬在美丽的狼山脚下,与初唐大诗人骆宾王的墓在一起。

杨知州理解文天祥的心思,赞赏他的为人,特为他备下四只航海大船,配备舵师水手,择期闰三月十七日,正当天文盛潮期,礼送文天祥从七星港登船出发。在烽火满天、戈棘遍地的日子,义士壮别,前途未卜,彼此少不得一番勉励祝福。

十八日夜宿石港场(今通州区石港镇),场官出面接待。石港场位于北海湾西端,文天祥由此踏上出海南寻二王的悲壮旅程。自从镇江脱逃虎口,真扬两遭疑忌,高邮险遭不测,泰皋一路艰辛,不就是为的葵花向日、归心指南么?激动之余,他挥毫写下《石港》诗:

王阳真畏道,季路渐知津。山鸟唤醒客,海风吹黑人。乾坤万里梦,烟雨一年春。起看扶桑晓,红黄六六鳞。

从镇江到通州的畏途宣告结束,淮东盐区春天景色宜人,万里追君终于有了归路,兴复事业如扶桑日出前景光明。

距石港场署15里有卖鱼湾。十九日船泊卖鱼湾。从小在赣州长大的文天祥看来,淮东盐区卖鱼湾的风景很有特色,他把感受写在了《卖鱼湾》里:

风起千湾浪,潮生万顷沙。春红堆蟹子,晚白结盐花。故国何时讯?扁舟到处家。狼山青两点,极目是天涯。

风吹潮起,雪浪层层叠叠爬上沙滩;渔民在捕鱼捉蟹,盐民在晒灰煮盐;举头清楚地看到通州的地标狼五山,极目看海可以望到天边;为了酬君复国,眼下就权且以船为家了。

因为随行文天祥的曹太监坐的船不小心搁浅,必须等候涨潮才能移动,退入正常航道,不得不在卖鱼湾耽搁半日,明天再赶路。在等候潮起、夜宿鱼湾时,海滨渔家的风土人情引发文天祥的诗兴,眼前景变成了口中诗《即事》:

飘蓬一叶落天涯,潮溅青纱日未斜。好事官人无勾当,呼童上岸买青虾。

正午时分海水涨潮,出海打鱼的渔民随顺潮水,从海上归来。船上装着刚刚捕获的新鲜海货。惯常食用海鲜的人们,纷纷簇拥到海滩,赶在渔人把海货运往城镇鱼市之前,出价选买自己喜爱的鱼虾。一时间海滩上真够热闹的!受这样祥和气氛的感染,连坐在船上的文天祥也要凑个热闹,招手呼唤随侍的童子,拿钱向渔人购买几斤青虾尝个新鲜。

夜宿卖鱼湾,吃了通州北海的鲜虾,美美地睡了一觉。第二天继续赶路,不久来到北海湾与黄海接合的水域。

大海,是与陆地完全不同的概念。这里本来是渔夫捕鱼的天下,可是战争一起,谁能保证不会有几只元军兵船,突然从北方急驶而来呢?可得始终保持警惕啊!天祥把心里的想法写在了《北海口》绝句里:

沧海人间别一天,只容渔父钓苍烟。而今蜃起楼台处,亦有北来番汉船。

本来,宋代通州拥有两个海,俗称"南洋"(长江口)、"北洋"(三余湾),去山东从北洋,往吴越出南洋。从通州向吴越追寻二王,如果直线走,直接出州城入长江,只消经历两个潮汛,就可到达长江入海的大江口。可是一来因为长江各沙洲均被元军占领,二来为了接应集结在常熟许浦(今江苏常熟浒浦港)一同兴复南宋的人,只能绕道北海,东出北海转而向南。这一绕多走了几千里的水路呢!

二十一夜泊宿的地方是如东县的宋家林,当时属泰州如皋县界,位置在石港场东北边,处于北海湾的北缘。二十二日乘风扬帆,横渡北海。极目所见一片汪洋,到处是水的世界,水以外只有苍穹!这前所未见的壮观景色,化成了《出海》绝句:

一团荡漾水晶盘,四畔青天作护阑。著我扁舟了无碍,分明便作混沌看。

水天一色玉空明，便似乘槎上太清。我爱东坡南海句，兹游奇绝冠平生。

大海像一只水晶做的大盘子，周围的青天刚好做了盘子的围栏，船入大海可以任意航行，这明显是进入了自由自在的世界；水绿天青，都像玉一样透明，航行大海如同乘坐仙槎云游太空，苏轼的诗句说出了我的感受，这次旅行算得上是我一生中最壮观的旅行。

为了等候顺风，文天祥的船时行时泊。二十八日天有顺风，随即扯起风帆，向位于北海湾南缘的通州海门地界（今属启东）驶去。这里是北海的出海口，向东是黄海，向南是长江。船抵南岸，已是正午，时值涨潮，为避顶水，抛锚停泊。他们正在为顺利渡过北海而庆幸，忽然发现远处有18条大船从上风冉冉驶来，初始以为遇上了元军的舰队，要真是那样，全体人员只有跳海喂鱼的份儿了！四条船全部戒严，年轻人拉弓搭箭，准备拼死一搏。文天祥冷静沉着，吩咐说："先把弓箭收起来，藏好了，人家有18条船，咱们只有4条，不能硬拼。且看相遇以后的情况，临时见机行事。"他打定主意，如遇对方询问，只说是商家做生意，不管对方怎样粗言恶语，横竖忍气吞声，像唐朝的娄师德那样，别人把唾沫吐到我脸上，我自己抹去。因为在这天涯海角，一旦发生纠葛，是不会有人来调解劝和的。

远方船队越驶越近，靠近了才知道不是兵舰，而是渔船。对方问话了："你们是做什么的？""我们是做生意的客商。"这边人答。"你们是大元的客商吗？""是的。""你们看到过文天祥没有？""没有。""记着！如果看到了，要随时报官，官府有重赏呢！""知道啦！"话音才落，对方就扬帆离去了。好险哪！幸亏应答从容，没引起对方的怀疑，否则大家的命运就不好说了，谁知道有没有元军的探子混杂在渔船之中。

文天祥把这场有惊无险的遭遇,记在了《渔舟》诗里:

　　一阵飞帆破碧烟,儿郎惊饵理弓弦。舟中自信娄师德,海上谁如鲁仲连?初谓悠扬真贼舰,后闻欸乃是渔船。人生漂泊多磨折,何日山林清昼眠?

　　他们继续向南航行,来到万里长江进入黄海、东海以至太平洋的入口。虽说仍得对元军兵舰保持高度警惕,但因水域浩渺,视野广阔,突然遭遇危险的概率小多了。迂回千里绕出北海,终于安全到达长江口。文天祥欣赏着江之头、海之门的独特景象:一行淡水汇入海洋,江与海交接处,留下江黄海青的混浊一线。回想从镇江逃脱以来两个月艰苦至极的辛酸历程,憧憬见到二王之后将要开展的如火如荼斗争,真有鸟脱牢笼、人释重负的轻松,海阔凭跃、天空任飞的自由,甚而想到在历尽磨难、事成功就之后,卜宅山林、闲眠清昼,或者西游岷山、探究江源。他对自己这两个月来的遭遇和心境做了一个形象的总结:我对宋朝的忠贞不贰,就像葵花向阳、磁针指南,岁月有记、天地可鉴。言为心声,他把这一切情思都灌注在两首七言绝句里,取名《渡江》和《过扬子江心》:

　　几日随风北海游,回从扬子大江头。臣心一片磁针石,不指南方不肯休。

　　渺渺乘风出海门,一行淡水带潮浑。长江尽处还如此,何日岷山看发源。

　　以下是后话了。文天祥从大江口横渡长江,到江南常熟的浒浦口接到同人,沿长江南岸东行到苏州洋(今称吴淞口),入苏州河(即黄浦江)南行到浙西,然后横渡杭州湾,东行泛海到浙东温州,会合南宋二王,起兵抗元。战争间隙,文天祥把在淮东逃亡期间随遇而作的诗编为一集,取名《指南录》。抗元事业起初有所发展,转战汀、漳、梅、循等州,与元军争夺赣、闽、粤三省。但其时南宋大厦已倾,元朝江山既定,回旋余地小,文天祥实难有大作为。宋端宗景炎三年（1278年），文天祥兵败被俘于粤东五坡岭（今属广东海丰），被押往厓山（今属广东新会）。元军大帅张弘范让他写信招降张世杰,逼迫甚,文天祥作《过零丁洋》诗拒之。内有"人生自古谁无死,留取丹心照汗青"联句,志士引为千古绝唱。在由水路押往元朝大都（今北京）的路上,文天祥八日不食,不死,复食。有景仰文天祥为人的义士沿途伴随,临河作生祭,激勉其保持忠贞不屈节。在京囚禁5年,所作《正气歌》为世传诵。元世祖赏其德才,有意委任丞相,为本朝服务,而天祥宁居山林以隐士备顾问,决不愿背宋降元任官职。

其时中山有狂人自称"宋主",有兵千人,扬言"欲取文丞相"。享城亦有匿名信,散播谣言与之呼应。元世祖召问文天祥："你有何想法？"天祥答道："天祥受宋恩,为宰相,哪能侍奉二姓？愿赐一死足矣。"遂于至元十九年（1283年）被杀于大都柴市口,年方47岁。

中国历史上一向是北方决定政治,南方决定经济。除了明朝朱元璋、民国蒋介石以外,历史上统一中国的帝王,大多从北方起兵,逐步推进统一天下的进程。秦、汉、晋、隋、唐、宋、元、清,无不如此。原因大概是北方人粗犷善武,南方人精细宜商。所以文天祥抗元保宋的计划,从一开始就注定了悲剧结局。"知其不可为而为之"：文天祥的思想行为在此,精神气节在此,风范品德在此。

文天祥少年即有死节之志。史称他体貌丰伟、美皙如玉,秀眉长目、顾盼烨然,是远近闻名的美男子。童年在学宫里听先生讲课,看到里面供奉着同乡先贤欧阳修、杨邦乂、胡铨等宋代名臣的画像,他们死后的谥号里都有一个"忠"字,文天祥有所触动地说："将来我死了,如果不能跟这些人供奉在一起,就算不上大丈夫！"卒如其言。

历代通州文士、盐官、平民像敬重范仲淹一样敬重文天祥。事过不足百年，蒙元灭亡。明朝300年与民国初年，在文天祥经过停留的通州石港场建有祠堂、书院，在出发入海的卖鱼湾建有渡海亭，明刑部左侍郎陈尧、礼部右侍郎崔桐、两淮运盐使崔孔昕及民国实业家张謇，先后撰写碑文。

历代骚人墨客为歌颂文天祥流亡通州所写的诗文不胜枚举。例如，明人葛增《秋日卖鱼湾寻文丞相渡海处》："中原天地战争间，十二龙车去莫扳。万里楼船同想象，孤臣戎马独间关。乌号一堕乾坤仄，赤手难扶日月还。天地可堪双涕泪，至今秋色满人寰。"1983年文天祥殉难700周年，通州市政府移地重建渡海碑亭，10年后又请耆宿为撰四言32韵《重建渡海亭颂》。

饶有深意的是，前有范仲淹，后有文天祥，两个宋代丞相，人生中最光彩照人、最为世记诵、最流芳后人的节点，都是在淮东盐区度过的。鲁迅有言："我们从古以来，就有埋头苦干的人，有拼命硬干的人，有为民请命的人，有舍身求法的人……这就是中国的脊梁。"范仲淹与文天祥，一个为民请命，一个拼命硬干，连同明代的曹顶、清末的张謇，他们都无愧为中华民族的脊梁。

石港镇郊纪念南宋文天祥渡海亭

元代的通州盐业

生活在中国北方的蒙古族,是以粗犷勇武、骑马射箭著称的民族。以有"一代天骄"美誉的成吉思汗为代表,弯弓搭箭射大雕是他们的绝活儿,而对于风骚文采则相当隔膜。所以,有元一代遗留下来的文献,相对于历朝历代,实在少得可怜。《元史》虽然是明初大儒、一代文宗宋濂担纲主修,无奈"巧妇难为无米之炊",在二十五史中史料信息最为单薄。所以有关南通盐业的元代史料,今天能够查考得到的,真是凤毛麟角。

南通州与蒙元的联系是从一次蒙军屠城开始的。

元太宗窝阔台驾崩之后,乃马真皇后临朝称制的第一年,即南宋理宗淳祐二年(1242年),南通州迎来了一次空前浩劫。那年的冬十月,蒙古兵进攻通州。就在蒙军南进通州的消息传来不久,南宋派驻通州的守将兼知州名叫杜霆,他望风而逃,弃城不守,雇船载了一家老小,连同在任搜刮的金银细软,渡江以遁。市民群龙无首,致使蒙古兵如入无人之境,肆行杀伐之威,城内百姓惨遭屠戮。元兵放火焚烧商铺房屋,大火连烧三天三夜,在长江南岸隔江可见火光冲天,映红了北边半个天空。

有个宋末元初的通州人,在江南常熟的福山寺庙里当和尚，取名僧肇老，能诗。他就把当时亲眼目睹的实景和自己当时的心境，写在一首五言律诗里。这诗后来被收入清光绪年间编修的《通州直隶州志》里。其云：

　　见说通州破，伤心不忍言。隔江三日火，故里几人存？哭透青霄裂，冤吞白昼昏。时逢过来者，愁是梦中魂。

　　通州家乡被屠戮，使诗人痛心疾首。隔江眼看着大火接连烧了三天三夜，城里哪还会有几个生灵能够侥幸存活下来呢？耳朵里成天听到的是恐惧与伤心的嚎哭，这哭声上透云霄、撕裂青天。那些无辜屈死的冤魂，结成愁云惨雾，掩天蔽日，使白昼为之昏暗。偶尔碰见几个从江北渡江南来的家乡人，还以为是在梦境中相遇的鬼魂呢。

　　随着改朝换代非常时期的结束，元朝统治趋于稳定。发展盐业生产，保障国计民生，增加财政收入的事务，逐步被提上议事日程。

　　首先需要解决的，是确立食盐产运销缉管理的一整套制度体系。元朝是在军事上天下无敌的空前强大王朝，像宋代那样与其他政权并立对峙，需要时时提防外敌入侵边疆的情况已经一去不返，因而在宋代通行的以盐利接济边防军储的"折中法"失去存续的理由。

　　世祖至元十三年（1276年），元朝既取南宋，遂复宋制，专用引法，实行民制、官收、官卖、商运、商销的就场专卖制，并加以完善。其法：以盐务政令归于户部，户部置局印引；在主要产盐大区设置都转运盐使司，掌卖引办课；产盐区运盐要道出口之地设批验所，掌批验盐引；产盐地设置盐场，场下设团，为灶户聚合煮盐之处。灶户产盐立有定额，由官发给煮盐盘铁，每户一角；煮盐时，众灶户运卤入团，并将所携盘铁一角聚集拼合为整块铁盘，然后按次序轮流煎盐，是谓团煎制。灶户所煮之盐，由场官收纳，给付工本。商人于运司纳课买引，然后赴场支盐，运赴指定销区售卖。起运前须呈报运司发给运单（一名"水程"）；运行中，经过沿途关津须逐一验引截角。整个运销过程，凡卖引、批引、验引、缴引均有规定程序，立法较宋代更加严密。故引制虽肇始于宋，实完备于元。

这是元代在食盐产运销缉上的制度创新。适应新的制度框架，需要健全主管食盐产销的盐政官吏机构系统。至元十四年（1277年）在扬州设置两淮都转运盐使司（后移治泰州），上隶河南江北行中书省，下辖盐司数处。运使之下，有同知、副使、运判、经历、知事、照磨等官，分掌其事。至元三十年（1293年）悉罢两淮运司所辖盐司，以其属设置场官。两淮共设29场，在今南通地区境内的有吕四、余东、余中、余西、金沙、西亭、石港、马塘、掘港、丰利、栟茶、角斜等12场。每场设置司令、司丞、管勾，主掌督制收盐、办理盐课事宜。

这是元代在盐政管理上的制度创新。在盐官系统的创设上，有三个亮点：一是盐官序列的开创。由秦汉到唐宋，盐官都没有单独的序列，在断代史的职官志里查不到盐官。二是盐监的消失。监的设置，发端于三国时期将军们以军法管制盐业。沿至中唐，第五琦始创海陵监等区域管盐机构。元初在行省级设置都转运盐使司，以下附设几个"盐司"，以副使分领其事，实际上成为明代创设运司派出机构——"分司"的滥觞，而"盐监"之名寿终正寝。从中唐至此，盐监之设延续了520年。三是场官机构的健全。每场设司令1员，官阶是从七品；司丞1员，从八品；管勾1员，从九品；另外，他们还各享有职田1顷。相比较明代场官为未"入流"杂职，清代各场盐课司大使仅为正八品，在整个封建时代，元代场官的官阶级别是最高的。

元代虽然没留下通州境内食盐产量的记录，但根据有关史料可以推断，元代90年通州盐业生产是发展繁荣的。

理由之一是宋代的"余庆"场,到元代被分设为"余东"、"余中"、"余西"三个盐场,机构的分设通常表明生产规模的扩大,需要细化管理。理由之二是淮盐生产技术经由通州向江南的松江盐区传递,证据是陈椿《熬波图》里那句"样自两淮行两浙"的诗句。《元史·食货志》载,文宗天历二年(1329年),两淮29场额办正盐、余盐共计950075引(每引400斤),相当于北宋两淮盐额215.4万石(合269250引)的3.5倍。南通境内北宋有10场,盐产年额为70.7万余石;元代增为12场,依宋额3.5倍的比率推算,则为21万引左右,合今约6.2万吨,占两淮盐产总额的三分之一。

元代是先进、强盛而开放的王朝,与世界上许多国家和地区都有密切的商业和人文往来。按照世界史学者的新见,世界市场的开拓,经济全球化的滥觞,最早可以追溯到元朝建立横跨亚欧的大汗国。那时有个名叫马可·波罗的意大利人,就在元朝初期的1271年,跟随他的父亲和叔叔,不远万里,跋涉西亚、中亚,于1275年来到东方的中国。他通晓中国礼仪,熟谙蒙古语和汉语,深得元世祖忽必烈信任,被任命为元朝官吏17年。世祖派他出使各地,足迹遍布新疆、内蒙古、甘、陕、晋、川、滇、鲁、苏、浙、闽及北京等地,还到过缅甸。后因伊儿汗国的大汗遣使向元朝的皇室求婚,他奉元世祖命,护送公主出嫁,于至元二十九年(1292年)离开中国,1295年回到意大利的威尼斯。后参加本国战争,被敌方俘虏入狱,在狱中口述游历东方的见闻,由同狱难友笔录成书,是为《东方闻见录》,通称《马可·波罗行记》。该书与唐代高僧玄奘所著《大唐西域记》和日本国圆仁和尚所著《入唐求法巡礼行记》,并称为"世界三大旅行游记"。

在马可·波罗的《东方闻见录》里说到了南通州。元代的通州给了他这样的印象:"通州东面相距三天路程的地方,就是海洋的中间地带,有许多盐场,生产大量的盐。"在通州城里，"居民是商人，拥有许多商船"。于此可知，元代通州盐业较之南宋又有新的发展，产盐规模扩大，运销景象繁忙。

　　元代虽然实行就场专卖制，但是它的销区却有"行盐地"与"食盐地"的区分。大体上以靠近盐场的区域为"食盐地"，实行官卖，由官司派散食盐给民户；食盐地以外的地区为"行盐地"，允许通商。元代后期，官盐价贵，私盐愈多，加之军人违禁贩运，权贵托名买引，加价转售，致使官盐积滞不销；同时课额愈重，办课愈难。于是元政府扩大官卖食盐区域，强配民食，不分贫富，一律散引收课。农民粜终岁之粮，不足偿一引之价，引起人民普遍不满，危机四伏。至正年间（1341—1367年），以淮南盐贩张士诚与浙江盐贩方国珍为首的农民起义爆发，其他农民起义军纷纷揭竿继起，元朝随之覆亡。史家有"元代之亡，亡于盐政紊乱"的说法。

　　元代在南方的福建盐区，已有人发明土池晒盐法。它以阳光日晒取代了先前的燃烧柴草，节约资源，提高效率，是生产力的巨大进步。这种产盐方式，通过人文交流，传入河北的长芦盐区。但南通地区仍然沿袭柴草煎盐的古老产盐方式。因为在通州沿海，柴草资源特别丰富，取之不尽。

　　元代留给南通州地区历史人文最有趣的"遗产"，是冒姓的创始。这事得从元朝末年在两淮通州盐区担任盐官的冒致中说起。《南通盐业志》载有他的小传：

　　　冒致中，元末海陵如皋人。如皋冒氏始祖。本为蒙古族，姓篯儿吉得氏（方音讹如汉语"八二目"）。至正年间（1341—1353年）任两淮运盐使司运丞，分巡丰利等盐场。张士诚起义称吴王时屡次征辟，辞谢不就。后被强召至平江（今江苏苏州），封为妥督丞相，托病坚辞。与如皋东陈隐士郭某为挚友，举家迁至东陈定居，闭门读书，终身不仕。时天下大乱，豪杰往往以杀戮异族、恢复汉族政权为号召。乃弃去蒙古姓氏，仿汉人姓氏例，将"八二目"三字纵叠连缀，创"冒"姓而居焉，占籍如皋。自此与乡邻无异。中国有冒姓自致中始。吴郡人刘亮素与冒致中友善，以巨舰载所藏书万余卷移冒致中家，用避兵火。冒致中宝藏之，孙冒基朝夕讽诵其中。明永乐八年（1410年），有御史中㺼奉诏临如皋，一县皆惊。基曰："此来殆为购书耳。"幅巾往谒。宣诏，果如所言。基尽发所藏书上之。帝嘉纳之，赐榜曰"万卷楼"。自致中创冒姓，子孙繁衍，皋城及皋属各镇多有"冒家巷"，即为历代冒氏宗族聚居处。

　　伴随着冒姓在中国的首创，元朝谢幕，明朝登台，古代南通盐业的历史即将翻开崭新的一页。

石港镇出土古代贮卤井砖

盐贩吴王张士诚

中国历史上出身盐贩子，而一度坐上王侯宝座，乃至帝王龙椅的，非止一人。唐末的黄巢，元末的张士诚，都是中国古代盐民中声名显赫的传奇人物。

元代海盐区的盐政体制，是在宋代"场"的下面、"灶"的上面，增设"团"一级机构。团有围墙，内设煮盐盘与贮盐仓，驻兵守卫。一场分3～5个"团"，一团辖2～3个"灶"。盐民在"灶"区分散制卤，到"团"里集中煮盐。

张吴王遗像

煮成的盐暂存于团仓，由专业船队（称为盐纲船）把盐从团仓运往场仓，再由场仓运往泰州的广盈仓，或通州的永丰仓。那时，朝廷在淮盐产区共设扬州、淮安、通州、泰州、涟水、海州等六所盐仓，两淮29场所煮盐斤经由水路，都运积在这六仓里贮存待售。每年春初，盐商集中在两淮都转运盐司里，通过抓阄，选定购买某仓盐斤多少引，然后纳银买券，雇船赴仓，支取盐斤，运往指定销区售卖。

淮南盐区有个白驹盐场（今属江苏盐城）。它的位置在东台北，盐城南，大丰西，兴化东。场里有户张姓人家。父母生了士诚、士义、士德、士信四个儿子，取小名依次为九四、九五、九六、九七。四兄弟都是驾船的好手，一年四季做着驾驶盐纲船帮人运盐、收取佣金的营生。大哥张士诚生性豪爽，为人讲义气，轻财好施，乐于助人，远近灶民都很尊重他，在他周围团结了一大群盐民兄弟。

单靠驾船运送官盐赚不了多少钱。为了养家糊口，顺带着私下里还做些贩卖私盐的勾当。这事儿不敢公开做，因为法律条例严格禁止，被人检举揭发，败露了就是个死。天长日久，他们贩卖私盐成了公开的秘密。几户富人熟知他们的短处，买了他们的私盐之后，有意少付盐款，甚而赖账不还，心里拿定他们反正不敢告官。有个弓兵名叫丘义，多次为难张氏兄弟，因为他这个弓兵身份，是隶属巡检司的，职能相当于现在的派出所，负有巡缉私盐的法定职责。公开的辱骂如同家常便饭，张氏兄弟但凡遇见他，没有一次不被他骂得狗血喷头的。他还扬言早晚拿到证据，一定要把张氏兄弟全部送交官府，满门抄斩。"人在屋檐下，哪敢不低头？"张氏兄弟忍气吞声，把怨气和仇恨都埋藏积压在肚子里。

元代后期，盐政制度弊端显现。各地盐民盐贩纷纷聚义，逐渐发展成有战斗力的武装团伙。顺帝至正七年（1347年），沿江豪杰蜂起，剽掠无忌，官府的职能部门没法弹压。两淮运盐使司宋文瓒上奏说：

江阴、通州、泰州，是江海的门户，而镇江、真州（今仪征）次之。国朝初年设万户府以镇其地。现在戍守的将领不称职，致使造反做强盗的船只往来无常。集庆（今江苏南京）花山的强盗人数不过36人，官军聚集了上万人也不敢进行讨伐，反而被他们打败，后来不得已，竟然敦请造反盐民的团伙出面打击，这才获得成功。虽然这也算是成功，岂不让世上的人笑掉大牙？应当尽快选用智勇双全的人执掌兵权，谨防以后再出豁子。不然，东南五省租赋之地恐怕不再是国家盘子里的菜啦。

折子奏上去，没了下文，因为朝廷也拿不出好办法。

中华民族的母亲河——黄河，上游水缓色清，中游流经黄土高原水色变黄，其挟带的大量泥沙，在下游因流速平缓而沉积。黄河两岸筑有高堤大坝，成为高出于地面的"地上河"，一遇上游来水凶猛必定漫溢成灾，历朝历代破堤改道的事儿屡闻不鲜。元顺帝至正四年（1344年）夏五月，华北大雨20余日，平地积水深2丈，黄河北岸的白茅堤决口；六月，北岸的金堤又决口。沿黄河的济宁、单州、虞城、砀山、金乡、鱼台、丰、沛、定陶、楚丘、武城，以至曹州、东明、巨野、郓城、嘉祥、汶上、任城等18个州县全部遭遇大水灾。人民当中年岁大的，或者身体有病跑不快路的，留在家中听天由命；年轻力壮的，都背井离乡，流离四方，讨饭度日。

至正十一年（1351年）四月，元朝的脱脱丞相挂帅，工部尚书贾鲁为总治河防使，征发汴梁（今河南郑州）、大名（今河北大名）等13路民工15万人，庐州等戍（军事组织）18翼军2万士兵供役。是月二十二日鸠工，七月疏凿完竣，八月决水故河，九月舟楫通行，十一月水土工毕。于是黄河回复故道，南汇于淮，东入于海。

繁重的工役加上连年饥荒，导致民不聊生，引爆了"火药桶"。当时有个栾城（今河北栾城）人，名叫韩山童，父子俩在民间传播白莲教义，公然宣称"天下将会大乱，弥勒佛要降临人间，名叫'明王'的圣人，就要出现在人世了"。他说，自己本是北宋徽宗皇帝的后裔，天命注定要做中原的君主。他还抨击蒙古贵族剥削汉族，导致"贫极江南，富夸塞北"，鼓动治河民工揭竿起义。在他的鼓动下，远近四方农民起义此起彼伏。有个名叫李华甫的泰州人，因为起兵造反，然后接受朝廷招安，还做了泰州衙门里的通判呢。

　　受各地传来人民起义消息的影响，张氏兄弟也在谋划起兵造反的事。他们暗地里结交了18个敢说敢为的年轻汉子，除张氏四兄弟外，还有壮士李伯昇、潘原明、吕珍等人，组成了私下里叫作"十八条扁担"的核心队伍。只是武器装备、兵饷开支等需要一笔巨款，一时还没有着落。

　　江南昆山有个大富豪，名叫顾正瑛，家住马鞍山（在江苏昆山，与安徽的马鞍山同名），是个仗义疏财的侠士。他有两个喜好：一是藏阅天下奇书，二是结交天下豪杰。有一次，他到昆山县衙办事，顺道拜访县太爷。走过县大堂，瞥见一旁有个大汉被戴枷示众，心有不忍，就向他发问："好汉所犯何事，以致如此啊？"大汉答道："我是从江北贩私盐到昆山来卖的大盐枭张士诚。"顾正瑛被他端正魁伟的相貌所打动，劝他改正过错，张士诚点头应允。于是，顾向县太爷讲情，由顾出面办理保释手续，把张士诚领回了家中。

　　张士诚在顾家逗留了半年，忽而提出："想向恩公借银万两。"顾问："何用？"答："做生意。"顾如其数予之。过了些日子，顾正瑛往游杭州西湖，看见有个乞丐，样子很熟。乞丐看见顾正瑛，连忙用扇子把脸遮挡起来。顾正瑛走近一看，果然是张士诚，便招呼他同至近旁酒馆小坐，问："你怎么变成这般模样啦？"答："上次恩公给的资本，一会儿就用光了。羞于再见恩人，又不好意思重操贩私盐的旧业，怕连累保人承担责任。所以甘当乞丐，向过往行人讨钱，丢面子的事，也顾不上了。"顾正瑛说："那你到底需要多少钱，才够你做生意用的本钱呢？"张士诚扳起手指头计算一番，说："总共需要十万两银子。"顾正瑛当即慷慨解囊，填了银票，交给张士诚。

顾正瑛哪里知道：依靠这笔10万银两的"本钱"，张士诚招兵买马，置办兵器，造了元朝的反，还割据平江做了吴王呢。

这时，在江淮一带策划起义的，不止张士诚一人。至正十一年（1351年），韩山童、刘福通起兵于颍州（今安徽阜阳），徐寿辉起兵于蕲黄（今湖北浠水），郭子兴起兵于濠州（今安徽凤阳，明太祖朱元璋在其麾下），而方国珍早在至正八年（1348年）已经聚众数千人，在浙东沿海打劫元朝商船。一时群雄并起，河南、湖广（湖南省旧称）、荆襄（湖北省旧称）并陷，两淮（苏皖两省北部通称）骚动。义军参照东汉末年黄巾军的装束打扮，以头戴红巾为号，史称红巾军起义。蒙元王朝的统治呈现分崩离析、大厦将倾之势。

至正十三年（1353年）夏五月，元朝泰州通判李华甫看到天下汹汹，心热手痒，也想重操旧业，便邀约张士诚与他一同起事。照李华甫的意思，是要张士诚做他的部属。张士诚心想："多年筹划，正欲做一番大事业，现在天赐良机，反倒要受制于人？"心有不甘，言语不合，起了争执，张士诚便杀了李华甫，把李华甫的部属都收编过来，以"18条扁担"为骨干，组建了自己的队伍。时机成熟，条件俱备，士诚和大家一合计，决定立马发动起义。聚义的地点，就选在界牌头十五里庙的大殿里。大家对着天地菩萨宣誓起义。之后，他们首先杀了一向与灶民为敌的官府走狗弓手丘义，接着"一不做，二不休"，挨个杀了那些为富不仁的富家大户，又放火烧了他们的房子。

"开弓没有回头箭。"既然杀了人，放了火，依照元朝法律，就是犯下了弥天大罪，想要金盆洗手重新过安分日子，已经不可能了。于是，张士诚派人四出，分头到通州、如皋、盐城境内所属的淮南盐区各盐场，动员青少年盐家子弟参军，共同参与推翻元朝统治的武装斗争。

各盐场的盐丁，自古以来就是底层民众中社会地位最低、劳动负荷最重、受压迫最深、不坐牢的准囚徒。大家早就有反抗官府的念头，只是苦于没人挑头。现在听说有人敢于挑头，哪个还心甘情愿呆在家里受苦熬穷？有道是干柴遇到烈火，一点就着。大家纷纷响应号召，成群结队离家参军，很快集结起盐农相结合的庞大队伍，大家共同推举张士诚做他们的统帅。

义军把进攻的头一个目标定在泰州。这是离盐区最近的州府。只有攻占泰州，义军才能营造声势，扩大影响，吸引更多的贫苦人参加起义。义军队伍从白驹场向南进军，一路顺畅。可是走过草堰场，来到丁溪场，却遇到当地大姓刘子仁带领地主武装的突然阻扼。交火中，一些义军士兵被杀伤，士诚的大弟士义因为领头冲在最前面，也被子仁的箭射中，流血而死。士诚怒火中烧，发誓要为大弟报仇，组织义军顽强攻击，坚决要消灭刘子仁。刘子仁顶不住了，他的队伍被击溃，带着残余势力下海当海盗去了。听说张士诚打败地主恶霸，穷民百姓深受鼓舞，人们奔走相告，没有出路的人蜂拥参军，队伍扩大到近万人，没费多少劲就拿下了泰州，声势初振。

淮南盐区所属的"河南江北行中书省"，原是中原最重要的腹心省份，出了这么大的乱子，朝廷震动。为了加强对淮南盐区的武力弹压与怀柔劝降，诏析河南江北行省辖地的东南部分，在扬州新设淮南江北行省，任命原山北辽东道廉访使赵琏为参知政事。他的腿正害着浮肿病，雇佣轿夫拿轿子抬着上任视事。既到扬州，分省镇淮安，又移镇真州。到任后的第一要务，就是派兵镇压张士诚，阻止义军向外扩散蔓延，结果官军败绩。武的不行，改用文的，赵琏随派高邮知府李齐前往泰州，劝诱说降。张士诚拒而拘之，而义军头领中诱于说词，愿受官职、安享富贵的，却大有人在。

降与不降,意见争持,导致头领之间自相残杀。张士诚无奈,不情愿而应之。于是义军撤出泰州城外,李齐回归高邮,赵琏率领官属进驻泰州城内。由赵琏代表元廷,设置"义兵元帅府",授张士诚及诸头领以民事职官,并征发张士诚所部,前往濠州、泗州(今江苏泗洪),攻打郭子兴部红巾军。每日派人催促张士诚赶造戈船,出兵镇压别的农民义军,张士诚老是借故拖延,不肯开拔。张士诚侦知赵琏随身没带多少亲兵,想到起义目的本为推翻元朝,成就一番大事业,怎能甘心屈居人下,受人支使呢?义军其他头领也多省悟,大家一商议,决计乘赵琏无备,弃官复反。夜四鼓,纵火登城而入。赵琏闻报大怒,立即提佩刀上马,率亲兵同张士诚兵格斗于市街,因寡不敌众,死于义军船侧。义军进入州衙,搜罗库藏钱财,由水路北上,在兴化县东的得胜湖上结营扎寨。随即西进,攻下兴化县城,剑锋直指扬州东北的高邮府(今江苏高邮)。

江淮行省以左丞偰哲笃偕宗王镇守高邮府,派李齐出守甓社湖(在府西北),驻军相望,互为犄角。夏五月乙未日,义军尖兵攻入府城,大家呐喊而前,元朝的行省宪官闻声丧胆,火速遁入甓社湖。李齐闻讯,引兵急还救城,义军闭门拒纳。高邮既得手,遂连兴化接得胜湖,舟舰四塞,势力范围一直蔓延到宝应县和通州境内,有众超过万余人。未久,元廷有诏:"凡叛逆者,容其改过,宽赦不究。"诏至高邮,宣诏人不得入城。据守城门的士兵谎称:"必须请李知府来,我等才会受命。"江淮行省的宪官们强令李齐进入高邮城劝降。李齐即手持万户告身(委任状),前往高邮城内招降张士诚,至则被扣因禁。原来张士诚本无降意,不过借此迁延,整军修防,迎接官军进攻。官府谍知实情,麾兵攻城。张士诚呼李齐登城观战,李齐拒跪,不屈而死。众人士气正旺,官军旋被击退。于是众人拥戴张士诚称"诚王",国号"大周",建都高邮,年号"天祐"。

至正十四年(1354年)夏六月,张士诚领兵攻扬州。扬州为江淮行省驻所,是军政重镇,元军势在必保。元廷派达识帖睦迩率兵讨伐,交战败绩,诸军皆溃。诏江浙行省参知政事佛家闾会同达识帖睦迩,再次进兵征讨。己酉日,张士诚攻占盱眙县。庚戌日,攻占泗州城,官军溃败。秋八月,诏命脱脱丞相总领诸军出征高邮。九月,张士诚又占扬州。适逢湖广行省右丞阿鲁恢引苗军来,张士诚不敌,退据高邮。

冬十一月,右丞相脱脱率领大军,号称百万,抵达高邮。战于城外,张士诚大败。脱脱有部将名董抟霄,劝脱脱分兵,攻破高邮邻近的天长(今安徽天长)、六合(今南京六合),两地红巾军闻风溃散,众多平民被杀。高邮势孤力单,官军骧其外城。城中人人震恐,危在旦夕。所幸天无绝人之路,恰巧此时,元廷有个名叫袁赛因不花的监察御史,向皇帝递了弹劾的奏章,说"脱脱出师三月,略无寸功,倾国家之财以为己用,半朝廷之官以为自随"。顺帝信谗,诏以脱脱"老师费财,已逾三月,坐视寇盗,恬不为意",诏解脱脱兵柄,削去官爵,安置淮安路监管(后移云南,未行而卒),以他将代之。张士诚闻讯出城,乘间奋击,元兵溃去,张士诚由此复振。

在扬州的对面是江南的江阴州,这时也有红巾军,却正在闹内讧。一部以江宗三为头领,一部以朱英为头领。宗三要杀朱英,朱英为逃避杀戮,投靠官府受招安,被元廷任为州判官。他的僚属不服这个由强盗转变过来的上司,向元朝的江浙行省密告他谋反;行省随即派观孙元帅领兵讨伐。眼看观孙大军压境,朱英难免一死,他便只身逃往江北的高邮,求救于张士诚。张士诚随派张士德领水兵南击横坍,渡江占领镝山。

至正十五年(1355年),元廷命淮南行省继续对张士诚实行镇压与招安相结合的政策。五月，明太祖朱元璋率本部兵马从安徽的和州渡江南下，攻取了太平（今安徽太平）。以此为据点，他充分利用元军主力在晋冀鲁豫陕广大地区与刘福通、徐寿辉部红巾军逐鹿中原，无暇顾及大江以南的有利时机，逐一攻取今为皖南、苏南、浙南的广大州县，迅速壮大为红巾军中的劲旅；以集庆（今江苏南京）为首府，经略江南，作为下一步夺取天下的根据地。是年，淮东闹饥荒，给淮南义军筹集粮饷带来困难，张士诚即遣弟士德领兵由通州渡江攻占常熟（今江苏常熟）。

至正十六年（1356年）春二月，张士德率军攻占平江（今江苏苏州）。昆山（今江苏昆山）、嘉定（今属上海）、崇明（今属上海）州人相继来降。遂改平江路为隆平府。拆毁平江城中承天寺内的佛像，将承天寺改为"诚王宫"。设立"大周国"的省、院、六部、百司。凡寺观、庵院、豪门巨室，将士们分夺而居。即进兵占据松江（今属上海）。常州黄贵来降，改常州为毗陵郡。分兵入湖州（今浙江湖州），一鼓而得，改为吴兴郡。

三月，张士诚自高邮迁都来，以平江为都城。穿的服饰，用的器物，都采用帝王规格。即就承天寺为王府，坐大殿中，向梁栋射箭三支，作为宣誓推翻元朝、改天换地的标记。改至正十六年为天祐三年，国号仍称"大周"，历法曰"明时"。设学士员，开弘文馆。以阴阳术人李行素为丞相，弟张士德为平章事（副宰相），提调各郡兵马；蒋辉为右丞，居内省，管理庶务；潘元明为左丞，镇吴兴；史文炳为枢密院同知，镇守松江郡。州县的正官，郡官称太守，州官称通守，县官仍称尹；郡同知称府丞，知事称从事。其余各官的名称，也都在元朝的基础上酌情有所改变。

是年，朱元璋攻占集庆、镇江，派杨宪为信使，通好于士诚。信上说："昔隗嚣称雄于天水，今足下亦擅号于姑苏，事势相等,吾深为足下喜。睦邻守境,古人所贵,窃甚慕焉。自今信使往来,毋惑谗言,以生边衅。"张士诚得书,知其为缓兵之计,扣留信使,不答来信。

张士诚迁都平江之后,接下来的任务是要攻夺天下。他派水军进攻镇江,在龙潭(在镇江西、南京东)被朱吴大将徐达所败。朱元璋乘胜派徐达与汤和东攻常州,不下,围之。张士诚派兵来援,又败绩,失张、汤二将,只得复信求和,愿意每年向元璋输送谷物20万石,黄金500两,白金300斤。元璋答书,要求放归杨宪,岁输粟增至50万石,士诚不予回应。

在进攻镇江的同时,张士诚遣将进攻嘉兴,被元朝守将杨完者所领苗兵所阻。又派张士德抄小路攻破杭州。既克,杨完者还救,张士德撤回。张士诚军占据的昆山,也遭到投靠朱元璋的方国珍派遣"海军"多次袭击。浙西的长兴、武康(今浙江德清),也有花枪军出没,虽说互有胜负,也是不胜其苦。张士诚领土所跨的3个州,都与劲敌为邻,形势很不乐观。

至正十七年(1357年),朱元璋派耿炳文攻取长兴,派徐达攻克常州,自己亲征攻取宁国,派赵继祖攻取江阴。张士诚兵不得四出,形势渐趋紧蹙。秋七月,徐达兵攻破宜兴,即攻打常熟,围城打援。张士诚派弟张士德领兵驰援,与徐达军的前锋赵德胜接战,不幸败绩被俘,押送集庆。张士德是张士诚的主要臂膀,其人善战有谋,能得士兵的衷心爱戴,浙西地方的州县都是由他领兵略定的。他的被俘,给张士诚以巨大打击,精神为之沮丧。朱元璋令张士德写信招降张士诚,张士德不从,反而乘隙使人抄小路给士诚送信,建议他投靠元朝,借以对抗朱元璋。

张士诚得信,反复权衡利弊,为了对抗朱元璋,决计接受元朝招安。他的愿望是通过元朝江浙行省右丞相达识帖睦迩奏报朝廷。得旨：赦免张士诚反抗朝廷的罪过，授爵太尉，所属将吏各得官爵，在平江开设太尉府，增置江淮分行省、江浙分枢密院，安置太尉以下各官。元朝还授张士德为淮南行省平章政事，但他已被囚禁在集庆，不久绝食而死。

既然受招安，张士诚就不再称诚王，但他拥有的甲兵和土地还是依然如故。适逢达识帖睦迩在杭州与苗军将领杨完者不和，达氏暗地里叫张士诚派兵相助。张士诚即派史文炳袭杀杨完者，趁机占据了杭州。

至正十九年（1359年）秋八月，元顺帝派兵部尚书伯颜帖木儿、户部尚书曹履亨，赐张士诚御酒龙衣，向其征粮。于是从至正二十年夏五月到二十三年夏五月，4年之间，张士诚从海道合计运粮48万石到达大都（今北京），接济元朝首都的粮食供应，前两年各11万石，后两年各13万石。

张士诚投降元朝，不过一时权宜，只为缓和与元军的矛盾，以便专心一意对付朱元璋。所以明里接受招安，暗地里从未停止攻城略地。他知道，天下诸侯你争我夺的形势方兴未艾，鹿死谁手眼下还不得而知呢。

至正二十三年（1363年）九月，张士诚自立为吴王。尊奉母亲曹氏为王太妃。在平江城中建筑吴王府第，废除太尉的官属，重新设置吴王府。以张士信为浙江行省左丞相，软禁元朝江浙行省右丞相达识帖睦迩于嘉兴。请命于元朝，要求认可他为"吴王"，没有收到答复，从此对元朝征粮的圣旨不再奉诏。张士诚的部属里有个叫俞思齐的泰州人，官职是参军（谋士），劝谏张士诚说："过去我们是造反的，可以不向朝廷进贡；现在是名正言顺的元朝臣子，怎么可以不进贡呢？"张士诚听了大怒，飞起一脚，把面前听事办公用的桌案踢翻在地。这可把俞思齐吓坏了，他连忙称说自己身体有病，悄悄地溜出了平江城。

当时张士诚占据的地方很广：南抵绍兴，北逾徐州，达于济宁（今山东济宁）的金沟，西抵汝（今河南汝州）、颍、濠、泗，东到大海，方圆两千余里，战士数十万众。以张士信及女婿潘元绍为心腹，以左丞徐义、李伯升、吕珍为大将，以参军黄敬夫、蔡彦文、叶德新主谋议，以学士陈基、右丞饶介管文章，陈基曾是元朝名士。张士诚又喜欢招延宾客，提供给他们使用的车马、居室、什器十分优厚，凡是侨寓外地、贫困没着落的文士都争着奔趋而来。张士诚拥有这样大的地盘和实力，正打算参与天下诸侯争夺全国政权，所以当俞参军说出一些没志气的话时，怎么会不燃起他满腔怒火呢？

当时红巾军各部争夺天下的形势是这样的：刘福通部转战黄河南北，奉韩山童的儿子林儿为"小明王"，建国号曰"宋"，先都亳州（今安徽亳州），后移汴梁（今河南开封），再移安丰（今安徽寿县）。徐寿辉部转战于湖广、赣北，东及浙闽，西及川陕，建国号曰"天完"，先都蕲水（今湖北浠水），后迁汉阳，再迁江州（今江西九江）。部将陈友谅杀徐寿辉称帝，建国号曰"汉"，仍都江州。明玉珍部西进巴蜀，称帝于重庆，建国号曰"夏"。朱元璋部转战皖南、浙赣，称王于集庆。张士诚部转战江淮、浙西，称王于平江。方国珍部割据浙东温州、台州、庆元（今浙江宁波）。各部之中，唯有朱元璋、陈友谅、张士诚三部力量雄厚，三足鼎立，相互之间虎视眈眈。而对张士诚构成最直接威胁的是朱元璋。

朱元璋在龙凤元年（1355年）接受小明王任命为左副元帅，奉其"龙凤"年号及月日正朔，而自专其事。龙凤二年攻下集庆路，改名应天府，建为都城。龙凤三年（至正十七年）秋七月，在派兵攻取常熟的同时，派胡大海攻克了徽州（今安徽歙县）。徽州住着一个隐士，是元朝的举人，名叫朱升。经人推荐，被朱元璋召见，就像当年刘备向诸葛亮请教一样，朱元璋向朱升请教时务。朱升根据天下大乱、群雄并起的实际,建议朱元璋实行"高筑墙(全面巩固根据地),广积粮(多储蓄军饷),缓称王(韬光养晦,不四面树敌)"的策略,后发制人,夺取天下。朱元璋欣然采纳,付诸实行,一步一步向着统一中国的宏大愿景扎实迈进。

朱元璋深知:陈友谅和张士诚,一个在他西边,一个在他东边,都拥有与他不相上下的强大实力。要夺得天下,必须战胜这两个强硬对手。可是,如果两个拳头同时出击,自己必败无疑;而如果让他俩结成联盟,同样有灭顶之灾。所以,他给张士诚写了热情洋溢的信函,意在使他保持中立,他的目的达到了。那么,对陈与张,先拿哪个开刀呢?朱元璋有个谋士叫刘基,他提出了正确的战略建议。事载明人吴宽的《平吴录》:

元至正二十年,张太尉辟土益广。南自绍兴,北至济宁,上下二千余里。濠为朱吴发迹之地,亦遣其将李济据之。朱吴公曰:"濠,吾土也,吾有国无家!"欲攻张氏,谋于刘基。基曰:"方今陈友谅据上游,名号不正,兵力且强,宜先取之。友谅既平,取士诚如探囊中物耳!"朱吴公用其言,乃止。

张廷玉《明史·刘基传》也有类似记载:

太祖问征取计,基曰:"士诚自守虏,不足虑。友谅劫主胁下,名号不正,地据上流,其心无日忘我,宜先图之。陈氏灭,张氏势孤,一举可定。然后北向中原,王业可成也。"太祖大悦曰:"先生有至计,勿惜尽言。"

龙凤七年(1361年),朱元璋被韩林儿封为吴国公。同年击败陈友谅。至龙凤十年,陆续消灭其残余势力,始称"吴王"(为与平江张吴王相区别,史家习称朱吴王)。龙凤十二年,朱元璋派部将廖永忠迎接小明王从滁州(今安徽滁州)迁都应天府(今南京),趁机将韩林儿沉溺于瓜洲(在扬州南)江面。次年击灭势孤力单的张士诚,并发兵北上,消灭蒙元残余势力。至此,刘基的谋略得到完整实现。比较起来，张士诚不但没有徐达、常遇春那样战必胜、攻必取的大将，尤其缺乏像刘基这样高屋建瓴、远见卓识的谋士。这使他面对迅速崛起的朱吴集团，拿不出有效的应对办法。

这首先表现在他出于多种原因的治军不严。张廷玉《明史》有记：

士诚为人，外迟重寡言，似有器量，而实无远图。既据有吴中，吴承平久，户口殷盛，士诚渐奢纵，怠于政事。士信、元绍尤好聚敛，金玉珍宝及古法书名画，无不充牣。日夜歌舞自娱。将帅亦偃蹇不用命，每有攻战，辄称疾，邀官爵田宅然后起。甫至军，所载婢妾乐器踵相接不绝，或大会游谈之士，樗蒲蹴鞠，皆不以军务为意。及丧师失地还，士诚概置不问。已，复用为将。上下嬉娱，以至于亡。

其次表现在怠于亲政，用人失察。张符骧《退庵笔记》有记：

王起兵以来，多用弟士德及左丞史椿谋。后士德为虏，椿以叛诛。王委政士信。士信好酒色，用王敬夫、叶德新、蔡彦文三人谋国，习为谄佞，王业遂衰。时有十七字谣曰：丞相做事业，专用王蔡叶。一朝西风起，干瘪！太祖闻之曰："我诸事经心，且被人欺。张九四终岁不出门理政事，岂有不着瞒者？吾立见其败矣！"

其次表现在优柔寡断，坐失战机。张符骧《退庵笔记》有记：

王地广国富，而将相皆恇怯庸鄙、无远略。介金陵、湖广两强敌间，一投足，左右即分轻重；而王既不附江左，又不助陈氏，使太祖坐大，遂枭劲汉，而国亦随之。与太祖争天下，小大数百战，皆在毘陵、长兴之壤，为我固有地；未尝先发一兵，侵暴邻邑。

张士诚与朱元璋接境，双方保持着战争状态。常州、江阴、建德、长兴、诸全（今浙江诸暨），最早为张士诚的领土，后被朱元璋攻占。张士诚屡次派兵进攻，意欲收复失地，皆遇强劲抵抗不能胜。而元璋遣邵荣攻湖州，胡大海攻绍兴，常遇春攻杭州，也都不能下。部将廖永安战败被俘，谢再兴叛降张士诚。朱元璋面临与陈、张同时作战，两条战线都处在胶着状态，相持不下。而张士诚志意重在守土安民，并无独占天下的清晰蓝图与远大愿景。

在此期间，张士诚有过一次可能重创乃至击败朱元璋的机会，却因见事不明、犹豫不决而稍纵即逝。那是在至元二十年（1360年）闰五月，陈友谅攻占太平，写信遣使送达张士诚，约期合攻集庆。其时陈占有江西、湖广两省全部州县，舟师水军十倍于朱元璋，士气正旺，军力正盛。朱元璋将士闻讯震骇，军心浮动。而士诚却欲守境观变，虽面允使者，而迟不发兵。朱元璋面对危机，冷静分析，认为与其坐待陈、张分进合击，不如分化瓦解，先击败攻势凌厉的陈友谅一路，陈既溃败，张必退回。于是利用军中结识过陈友谅的部将，写诈降信设计诱使陈友谅轻率冒进，长途奔袭集庆城，而预设伏兵以逸待劳。待陈友谅兵至，则断其后路，趁雨激战，陈友谅军大乱，陈友谅落荒而逃。朱元璋乘胜追击，复占太平。由于处置迅猛恰当，直到战役结束，张士诚果然按兵未动。

朱元璋察知张士诚禀性疑虑柔弱，遂得专心致志与劲敌陈友谅作战，贯彻刘基为其谋划的"先陈后张"战略。先是在至正二十一年（1361年）攻克陈友谅的都城江州，逼使陈友谅退都武昌，于是原属徐寿辉的旧部纷纷离开陈友谅，另谋出路，陈友谅势力大削。朱元璋趁热打铁，连年咬住友谅不放，不断消耗陈友谅军力，缩减其疆土。终于在至正二十三年以鄱阳湖为战场，双方水军展开关系生死的大决战。陈友谅船多且高，结成水城，易守难攻。朱元璋船少而小，机动灵活。战役初期，朱元璋颇居劣势，处境一度极其险恶。嗣后天遂人愿,风转东北,朱元璋顺风放火,陈友谅被火烧连营,大败而逃,在九江口中箭身死。其子继位,翌年纳降,于是都城武昌及旧占湖广、江西领地先后纳入朱吴版图。

劲敌陈友谅既被攻灭,张士诚的英雄末路也就随之临近了。

在攻灭张吴政权的战略上,朱元璋采用了"先取外围,再攻都城"的路线图。至元二十五年(1365年)冬十月,元璋下令征讨张士诚。移檄平江,列数张士诚八罪。张士诚领土广阔,朱元璋命左丞相徐达、参知政事常遇春等首先规取淮东。闰十月,徐达领兵围困泰州,常遇春督水军扼守海安坝,阻断张士诚由通州接济泰州的运粮水道。十一月,泰州城陷,城南激战处,血流成河,积尸如山,其地历300年荒无人烟。同月,张士诚攻宜兴,遭徐达从泰州渡江驰援,张士诚无功而返。徐军从宜兴回兵,随即渡江,围攻高邮府。

至元二十六年(1366年)春正月,张士诚以舟师溯江驰援高邮。行至江阴,遭遇朱元璋亲率水军拦阻,张士诚不能胜,退走平江。春三月,徐达等攻陷高邮府。夏四月,徐达军袭破张士诚水军占据的淮安,守将梅思祖以城降。濠州、徐州、宿州、泗州、颍州、安丰相继陷。于是原属张吴王的江北淮东领地,除通州外,全部归入朱吴版图。

秋八月辛亥日,朱元璋命徐达为大将军,常遇春为副将军,领兵20万人,征讨张士诚。在应天府的戟门前,他对誓师出征的将士下达训令:"城下之日,毋杀掠,毋毁庐舍,毋发丘垄。士诚母葬平江城外,毋侵毁。"随后召见徐达、常遇春,询问他们此次用兵先攻何地。常遇春直言,意欲直捣平江。朱元璋说:"湖州张天骐、杭州潘原明如同士诚的臂膀和手指头,平江若陷困境,他俩必定全力赴援,反而难以取胜。不如先攻湖州,使他们疲于奔命。羽翼折落,平江势孤,很快就能攻破啦。"

徐达、常遇春依计而行，率兵从太湖直趋湖州（今浙江湖州）。湖州守将张天骐迎战于毘山（山名，属乌程，在今湖州南），再战于七里桥，都不能取胜，只得退城固守，湖州随被朱吴大军围困。张士诚遣硃暹、五太子领兵6万前往救援。张吴援军与围困湖州的朱吴军接战，不能取胜，只好在一处名叫旧馆（镇名，在湖州东）的地方屯驻下来，建筑5座砦子，加固自身防御。朱吴大军人多势众，则在旧馆的外围，建筑10座堡垒，从外围困，断其粮道。冬十月，张士诚察知军情危急，亲自督兵再往救援，双方激战于皂林（镇名，在桐乡北），又不能胜。部将徐志坚败于东迁（镇名，在旧馆东）；潘元绍败于乌镇（镇名，在嘉兴西）；建筑在昇山（镇名，在旧馆与湖州之间）的水陆寨子也全部被攻破。于是先前援助湖州、屯于旧馆的张吴军失去救援，五太子、硃暹、吕珍等将领绝望而降。

在投降朱吴的将领中，五太子是张士诚的养子，短小精悍，能平地跳跃一丈多，特善于潜水，而吕珍和硃暹也都是能征善战的老将。十一月，徐达把这些降将带到湖州城下展示，守城将士的军心随之崩坍，张天骐、李伯升等皆以城降。嘉兴、绍兴相继降。潘原明也以杭州降。其时杭州城从九月被朱吴将领李文忠团团围困，孤城坚守已长达两个月。

冬十一月，徐达、常遇春所率朱吴大军由浙西回兵，进逼平江。张士诚兵拒战于尹山桥，不利，又败绩于鲍鱼口，无奈退入城内固守。徐达等建筑绕城的长墙围困该城。架设木塔，高与城中浮屠齐平；建筑三层敌楼，下瞰城中，把城中的情势掌握得一清二楚；又架起襄阳砲轰击城墙。城墙被轰毁的地方，守城兵士随时填塞修筑，备御甚严，朱吴军的指挥茅成也在攻城中被张吴军击杀。

至正二十七年（1367年）春正月，徐达等分兵攻陷太仓、昆山、崇明、嘉定；张吴部将朱显忠以松江城叛降。二月，朱吴将领、中书省平章政事俞通海，在攻击平江城时，被张吴军的乱箭击中，因创伤过重，回到金陵后不治身死，年仅38岁。

张士诚拒守数月。朱元璋写信招降，射入城中。信中说："古之豪杰，以畏天顺民为贤，以全身保族为智，汉窦融、宋钱俶是也。尔宜三思，勿自取夷灭，为天下笑。"张士诚不答，几次突围决战，皆不利。

降将李伯升知士诚困甚，特派自己信任的幕客翻越城墙，劝说张士诚道："当初您所依仗的，是湖州、嘉兴、杭州，现在杭嘉湖全都不在手中了。独守平江城，只怕变故从内部发生，那时您即使想死，也不可能了。不如顺应天命，派遣使者到金陵，陈说您为了归义救民的意思，打开城门，幅巾待命，所得的官爵应当不会低于万户侯。而且您的地盘，譬如赌博的人，得人之物而复失之，于您有何损失呢？"张士诚仰观良久说："请容我思考之后，再做决断。"他请说客转达他对伯升的感谢，礼送了说客。客人走后，他思虑再三，决计宁死不降。

夏六月，张士诚亲自勒兵突围，奋力冲击常遇春的营垒。激战在城北濠河边展开，战况极其惨烈。双方都拿出了拼死的决心，厮杀得难舍难分，良久不分胜负。常遇春的裨将王弼指挥铁骑兵殊死搏战。张士诚兵少，渐不能支，稍一退却，常遇春即挥兵追击，张吴军大溃。张士诚原有一支取名"十条龙"的勇胜军，是保卫王宫的卫戍部队，个个经过挑选，人人骁猛善斗，经常穿着银铠锦衣出入军阵；至此因寡不敌众，全部战败，溺死在万里桥下，河水尽赤。张士诚所骑战马在奔跑中受惊失蹄，连人带马跌入沙盆潭，张士诚差一点被淹死；将士们拼死救援，用担架抬入城中，关闭城门。丞相张士信在城墙上撑起营帐，踞坐在银椅上，想松歇一口气。部下送上秋桃,没等他咬一口,朱吴军的炮弹飞过来,就把他的头颅给炸碎了。大家听说丞相殉了国,全城人情汹汹,都明白王都陷落的最后时刻马上就要到来了。

张士诚收合余众,继续固守。虽然背城突围百战,被他杀伤的朱吴军士与自己损失的军士约略相当,然而对方人多,外围不解,攻城益急。其时守卫无锡的张吴将领莫天祐,很想为打破平江的围困出点力气。他的部将杨茂擅长游泳,莫天祐就派他抄便道,悄悄地潜入平江,与张士诚沟通信息。谁知他在出城返回的半道上被徐达的兵士截获,反而为敌所用。徐达更加了解到平江城里的窘迫境况,信心倍增,越发尽力攻城。

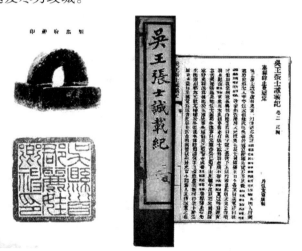

民国年间海安韩紫石主持编纂的《吴王张士诚载记》

平江城被困进入第九个月,原先储藏的粮食早已消耗殆尽。人们罗雀掘鼠为食,一鼠售价百钱;鼠尽,煮履革鞍鞯充饥;人民仍然效死坚守,没有一人起心变节打投降的主意。张士诚把城民召集起来,对大家说:"现在形势万分危急!能用的办法我都用过了,实在想不出更好的法子。城一旦被人攻破，你们必定会遭受屠城。我想自我捆绑，到朱元璋的军门去抵罪，换取他们不屠城，能够把你们的生命财产都保住。"人们听他讲得动情，一个个伏地长嚎，一致表示：宁愿固守，与张吴王一同赴死。

秋九月，司徒李某开城迎降，平江城随被朱吴大军攻陷。徐达兵破葑门，常遇春兵破阊门。张士诚收拢余众，搏杀于万寿寺东街，不胜，众人散走逃生。张士诚仓皇回归王府，关门自缢，嘴里喊着："我用一死，来向吴地人民谢罪。"旧时的部将赵世雄，冲入门内抱解之。朱吴的大将军徐达，几次派遣张士诚的旧将李伯升、女婿潘元绍等，传达劝降之意，士诚瞑目不答。徐达令人用一张盾牌，把张士诚抬出平江城的葑门，送上战船，驶向都城应天府。一路上有吴民自发号哭送行，声音传到几十里开外。张士诚在舟中终日瞑目不语，也不进食。

船到应天府，朱吴王有心保全张士诚，派人传语，张士诚拒见，说："我不忍见此不义之人！"元璋主动见之，张士诚唯发一语："天日照你不照我。"此后不复言，不复食，后竟自缢而死，年方四十又七。朱吴王令人具棺安葬。吴人归其骸骨，安葬于苏州城郊的茶山（一说在吴县斜塘）。坟墓上建庙，祭祀张士诚兄弟等五人，起名"五圣庙"。从平江被围，到城被攻破，张士诚固守孤城达十个月之久。平江城破四天后，朱吴兵攻取通州，六天后攻取无锡。至此，原属张吴王的领土全部归属朱吴王。

当张士诚被围而城尚未破时，张士诚对他的妻子刘氏说："我已战败，接下来必定是死，你们怎么办呢？"刘氏答道："君王放心，不必为我担心，我自有安排，一定不会辜负君王！"随即令下人在王宫内的"齐云楼"下面堆积柴草。城破之时，驱逐张吴王的姬妾全部登楼，下令养子张辰保纵火燃柴，合家赴死，刘氏随后自缢而亡。

张士诚另有夫人梁氏，出于泰州望族，有仁德。张士诚既死，有旧将、海盐人周国俊，伙同旧将赵、姚、廉三人，冒着生命危险，保护梁夫人及其6岁的儿子，偷偷地从阊门出城，北渡长江，隐居通州。6岁子从其姓，取名周确，字伯坚，后来人口繁衍到一千多家。这就是南通周氏家族的来历。周氏家谱上还有记载，说张士诚另外还有两个儿子，在平江城破时恰好不在王府，躲到别处去了。后来朱吴兵挨家挨户搜捕张吴王的亲属时，有平江居民挺身掩护，使其得免捕杀，后改姓虞氏和吴氏。

作为失败的英雄，张士诚的结局令人惋惜，赢得许多人同情。他和他的家庭对于封建王朝的反抗意志，以及面对危难、慷慨赴死的牺牲精神，成为文学家赞誉的对象。例如，清雍正进士严遂成的《张士诚》：

操舟运盐张九四，白驹亭场树贼帜。万户告身拒不受，栋射三矢承天寺。吴趋踞坐拓土宽，遂与元绝称天完。诸将偃蹇载乐器，樗蒲蹴鞠军中欢。一炮飞空碎城堞，耳聩风谣《黄蔡叶》。锦衣银铠十条龙，万里桥边丧舟楫。呜呼，以身死国真英雄！江东不降宋钱俶，河西不归汉窦融；妻刘亦挟丈夫气，齐云楼火通天红。

人们把张士诚夫妇至死不渝的爱情，媲美于秦汉之际遭遇垓下之围的项羽和虞姬。这方面的颂诗绵延不绝，典型的有清康熙文学家尤侗的《悼吴王妃》：

齐云楼下烽烟起，三百红妆同日死；高邮草窃旧盐徒，犹为残元殉疆垒。成则为王败则囚，宁死羞作归德侯；闭口不饮建业水，瞑目忍看秣陵秋？可恨西风黄蔡叶，天亡项羽何须说！至今遗老悼战场，阊门流水声呜咽。君不见：老头儿短妇脚长，九四郎死呼"张王"。

张士诚从起义到失败的故事，引起历代许多人的关注。从张士诚与朱元璋的比较研究中，人们发现：充足而得力的人才，高瞻而深远的谋略，不屈不挠的进取精神，是成就伟大事业的基本要素。把这些社会哲理反映到文学作品里去的，是与张士诚同时代的文学家施耐庵。清人袁吉人著有《施耐庵小史》，其中写道：

　　施耐庵，白驹场人。与张士诚部将卞元亨友善。士诚初缮甲兵，闻耐庵名，征聘不至。士诚造其门，见耐庵正命笔为《江湖豪客传》。士诚曰："先生不欲显达当时，而弄文以自遣，不亦虚縻岁月乎？"耐庵逊谢，以母老、妻弱、子女婚嫁未毕辞之，因避去。其孙述元应士诚聘，至麾下，奉令招募，因见士诚骄矜，亦逸去。

　　由于施耐庵曾用文学家特有的眼光亲自观察过张士诚起义军的一些活动，加之他的孙辈又曾亲身体验过起义军反抗剥削压迫的正义斗争，所以他才能在不朽的长篇章回小说《水浒传》中，把宋代梁山泊起义军的聚义行为写得活灵活现，把英雄好汉被逼上梁山的过程写得栩栩如生，把底层人民反抗强暴的故事叙述得感天动地。

　　直到今天，人们依然可以从张士诚的故事中演绎出许多有益的社会政治哲理。从政治上说，"成则为王败则寇"，历史看重的是结果而不是过程。从军事上说，从失败到成功，常常取决于深远的思考与瞬间的应对。从人生哲理上说，要成就一番大事业，必须要有百折不挠、锲而不舍的进取精神。事业如逆水行舟，不进则退，需要趁热打铁、一鼓作气。否则，英雄末路、霸王别姬、火烧妻室的悲剧，只会重复上演。人格、人才、谋略、进取，打天下靠的就是这些精神要素。停滞守成、割据偏安，终究不能长久。毋庸讳言，当张士德被俘之后，张士诚的锐气有所降低，这也是他的事业逐步走下坡路的关键。当然，从人才和谋略上说，张士诚确实比朱元璋低一截儿，但其忠厚的为人、倔强的性格，至死不衰，历来为人称道。

在张士诚的时代，有个名叫陈基的文士，曾以满腔的书生意气，积极参与了起义事业。他为张吴王撰写了许多励战的檄文和精彩的文告。他还在戎马倥偬的行军途中，利用战斗间隙，笔耕文学，留下了多篇动人的史诗。对于南通人来说，最可宝贵的，是他记述通州和如皋战乱后状况的两首歌行体诗作。

通　州

渡江潮始平，入港涛已落。泊舟狼山下，远望通州郭。前行二舍余，四野何漠漠！近郭三五家，惨憺带藜藿。到州日亭午，余暑秋更虐。市井复喧嚣，民风杂南朔。地虽江海裔，俗有鱼盐乐。如何墟里间，生事复萧索？原隰废不治，城邑甯可讬。良由兵兴久，羽檄日交错。水陆飞粟刍，舟车互联络。生者负戈矛，死者弃沟壑。虽有老弱存，不克躬钱镈。我军实王师，耕战宜并作。惟仁能养民，惟善能去恶。上官非不明，下吏或罔觉。每观理乱原，愧乏匡济略。抚事一兴慨，悲风动寥廓。

如皋县

晓行过如皋，草露凄已白。井邑无人烟，原野有秋色。缁褐两三人，牢落徒四壁。似讶官军至，拱立衢路侧。伊昔淮海陬，土俗勤稼穑。泻卤尽桑麻，闾阎皆货殖。及兹值兵燹，道路纷荆棘。十室九逃亡，一顾三叹息。王师重拯乱，主将加隐恻。戒吏剪蒿莱，分曹理盐策。眷眷恤疮痍，迟迟历阡陌。上天合助顺，九土期载辟。白首忝戎行，临风增感激。

正是有了这两首史诗，我们才得以知晓，在现存历史文献十分匮乏的元代，南通地区的先人们是怎样地生活着。

在张士诚统治江淮的日子里，因为他亲身经历过社会底层民众的苦难，所以对张吴区域内的人民实行轻徭薄赋，积极兴修水利，努力发展农桑，使长淮以南、大江南北的广大人民，尤其是淮东沿海的煮盐灶民，得以休养生息。人民以居住在张士诚治下的土地上为"乐国"，都说："要不是有张吴王爱民如子,我们怎么会出水火而登衽席呢?"考虑到元失其鹿、天下大乱,漫天兵戈、遍地血腥的时代背景,这样的和平生活就更加宝贵难得。难怪在张士诚殁后的几百年间,历代南通人民一直冒着各种风险,以点"久思香"、抬"都天神像"出巡等多种隐晦的方式,祭奠他、怀念他。

古语云:"得民心者得天下。"又云:"得人才者得天下。"比较而言,张士诚更得民心,朱元璋更得人才,结果是朱吴王胜过了张吴王。这微妙地说明:在夺取天下的过程中,虽然"得民心"与"得人才"同等重要,但是"得人才"所起的作用,显然要更胜一筹。

"凡事预则立,不预则废。"高瞻远瞩的谋划,深思熟虑的运筹,洞察秋毫的判断,机敏果敢的处置,对于一个成就伟业的领袖,是十分必要的。与朱元璋相比,在政治经验和历史知识上,张士诚有着先天的不足。

"有志者事竟成。"比较两个吴王,人们发现,朱元璋始终保持进取不懈的精气神,而张士诚在张士德被俘之后,曾有过一段茫然的徘徊和无奈,导致事业发展的停滞。尤其是义军领导集团中的腐化和懈怠,没有得到有效抑制而漫延滋长,是导致起义大业从停滞到灭亡的基本原因。

降元受官,是张士诚举义事业的一大转折,也是张士诚人生中的一大瑕疵。其中的前因后果、来龙去脉发人深思,引人警醒。《水浒传》中宋江受招安后去打方腊的情节,在构思的动因上可能与此有关。1974年毛泽东发动"评《水浒》"时,还特意对晁盖的聚义和宋江的投降,进行专门的指点和评说。

尽管张士诚性格有缺点,指挥有失误,尽管他的起义没能获取最终成功,但是,他在元朝末年下层民众反抗民族压迫的战争中所发挥的积极作用,是毋庸置疑的。他与刘福通、陈友谅等人一起,为朱元璋最终推翻元朝、成功开创明代铺平了道路。直到今天，张士诚仍然是淮南沿海历史人物的巅峰，同时也是淮东盐民大有作为的代表，因而成为中国盐民的骄傲。

为了保存这位伟大盐民的生平事迹，民国年间做过江苏督军、省长，以张士诚同乡人自居的海安人韩紫石，曾主持编纂了史料专辑《张士诚载记》。本书为后人研究张士诚的英勇一生，并从中汲取正面经验和反面教训，提供了丰富的历史素材和厚重的精神积淀。

正如在评说秦汉时期刘邦与项羽争夺天下的斗争时，人们同情项羽一样，人们在指点元末农民起义争夺天下的历史时，也与阅读司马迁深情撰写的《项羽本纪》时的情形一样，悲壮的叹惜和同情的眼泪，是在英雄落败的张士诚一边。

公元1368年，朱吴王朱元璋在应天府即位称帝，国号大明，年号洪武。一个恢复汉族统治的强大王朝，在翦灭包括张士诚在内的乱世群雄基础上，掀开了它崭新的、长达300年的历史篇章。